ADORNO

アドルノ美学解読

崇高概念から現代音楽・アートまで

藤野寛・西村誠 編

花伝社

Theodor W. Adorno

アドルノ美学解読——崇高概念から現代音楽・アートまで◆目次

第二部　モデルネ以降の音楽　75

第5章 アドルノの音楽的経験と前衛音楽の音楽思考について
――「部分全体」概念を手がかりに 西村紗知 121

凡　例

一．アドルノ美学の主著であり本書の諸章において論究されるÄsthetische Theorieという書物の表題の日本語訳は、原表題の具える多義性に鑑み、本書として統一することはせず、各章の執筆者の判断に応じて、『美的理論』（第1章、第3章、第9章）、『美の理論』（第2章、第7章）、『美学理論』（第6章、第8章）と表記されている。

一．ズーアカンプ版『アドルノ全集（Gesammelte Schriften）』からの引用・参照箇所は、第6章を除き、GSという略記号の後に、巻数、頁数をアラビア数字で示す。

一．引用文中の［　］は引用者による補足であり、（…）は中略を示す。

まえがき

藤野　寛

アドルノの哲学的思索の中心に美学が位置を占めていることには異論の余地があるまい。彼は、哲学を科学と芸術の間に置き、その両者、両（極）端との関係の中で哲学概念を練り上げていった。ただし、その際、科学との対峙はむしろ手薄であり、総じて、芸術との関係の内で思考は推し進められていった。その背景にはアドルノが挫折した音楽家（作曲家）であった事実がある。アドルノが書き残したテクストの半ば以上は――全集に見る限り――音楽論であり、残りの半分を哲学的・社会学的著作が占める。そんな中にあって、美学的著作の占める分量はいかにも僅かであって、『美的理論』一冊、『文学ノート』を含め入れても、二冊を数えるに過ぎない。

アドルノの美学については、長らくその全貌がつかみにくいという事情があった。一方に、無数の論考・エッセイがあり、そのテーマは音楽にとどまらない。他方で、美学全体を統括すると目される作品としては、遺作となった『美的理論』があるわけだが、これが唯一のものであり続けてきた。この美学上の主著は、しかし、さまざまに問題含みである。何よりも、『否定弁証法』と並んで、アドルノの――「語られた」のではなく――「書かれた」著作としてもっとも難解であるという事情があり、この事情が、従来、アドルノ美学への接近を――その重要性が繰り返し確認されているにもかかわらず――著しく困難ならしめてきた。

しかし、それだけではない。一九六九年八月のアドルノの突然の死に際して残されていたのは、一冊の本ではなかった。ほとんど三〇〇〇枚に及ぶタイプ原稿の束だった。読者が手にすることになったのは、二人の編者（グレーテル・アドルノとロルフ・ティーデマン）によって編集された作品だったのである。この遺著が刊行されたのは一九七〇年（編者あとがきは七月の日付けを持つ）、アドルノの死後一年足らずであり、その時間の短さから、ほとんど完成した一冊の書物が残されていたかのような印象が抱かれかねないが、事実は決してそうではなかった。

この編集作業が良心的に行われたことについては、過去五〇年に疑念が差し挟まれることはなかったようだが、しかし、それが「編集」である事実は動かない。その事情を背景として、現在、批判的校訂に基づく『美的理論』の新たな刊行が企画されている。膨大な草稿を可能な限り原状態に忠実な形で復元し公開・公刊しようとする企画だが、そもそも、Ästhetische Theorie のためのタイプ原稿は、それをすべて刊行するとしたら書物一〇冊分ほどにも及びかねない分量であり、そのせいもあってだろう、目下刊行中の遺稿全集にも含まれていない。その内のほんの一部、既刊の Ästhetische Theorie では「芸術作品の理論に寄せて」と題して一つの章にまとめられている部分のみを、タイプ原稿をもとに一冊の本として出すという企画が目下進行中であり、二〇二一年一一月の刊行が予告されている。

このプロジェクトが、その後、さらにどのように継続されるのか、どのような形での「公開」になるのか——印刷物としてなのか、ネット上の公開にとどまるのか——プロジェクトの全貌についてはなお未確定な部分もあるようだが、いずれにせよ、『美的理論』という「著作」について、今後新たな発見がなされていく可能性があり、この「著作」についてこれまでと同様にはもはや語り得なくなるかもしれない（このプロジェクトの担い手を編者として、『エロスと認識——『美的理論』の五〇年』という論文集が二〇一九年九月に刊行されている。[1]

アドルノ哲学をめぐる研究環境は、アドルノの突然の死後五〇年が経過する中で着実に変わりつつあると言えるが、何よりも特筆されるべきは、一九九三年このかた継続的に刊行されている遺稿全集の貢献である。その点がとりわけ顕著に認められるのが、倫理学と美学の領域だろう。従来アドルノは社会哲学と美学（音楽理論を含む）の哲学者と見なされてきたと言ってよい。認識論や歴史哲学に着目されることはあっても、その倫理学について主題的に論じられることは多くなかった。しかし、一九六三年の講義『道徳の諸問題』と、六四／六五年の講義『歴史と自由の教説』が刊行されたことで、『否定弁証法』の自由の章と『ミニマ・モラリア』を併せ、「アドルノの倫理学」について論じる環境は十分に整ったと言える。

同じことは美学にもあてはまる。アドルノは生前に六度フランクフルト大学で「美学」講義を行っているが、その内、一九五八／五九年講義が、エーバーハルト・オルトラント氏による誠実かつ周到な編集のもとに遺稿全集の一冊として二〇〇九年に刊行された。アドルノの講義の例に漏れず、噛んで含めるように語られた、いかにも平易にして親切なもので、それまで美学の体系的著作としては難解きわまりない『美的理論』（一九七〇年）一冊に頼ることを余儀なくされてきた読者、研究者は、この概論講義の刊行によって、アドルノ美学への接近を大いに容易ならしめられたと言えるだろう。さらに――テーマが音楽に限定されるが――『クラーニヒシュタイン講義』が刊行された（二〇一四年）ことの意義もとても大きい。

それに対して、一九六一／六二年講義は、ベルリンのヴァルター・ベンヤミン・アルヒーフで公開されており閲読可能だが、出版が予定されているためネット上で読むことはできず、コピーしたり写真を撮ることも認められていない。加えて、編集担当者が未だ確定せず、いつの刊行になるかも現時点では不明である。本書の編者がベンヤミン・アルヒーフで閲読した限りでは、極めて興味深い講義内容であるだけに、刊行が首を長くして待たれるところである（なお、一九六七／六八年にもアドルノ最後の「美学」講義が行われているが、この講義のテープ録音はクオリティが低く、テープ起こしは不可能であるという。一九七三年に海賊版が刊行されているが、学問的要求を全く満たさない版であり、その情報量は著しく限られている）。

以上のような研究環境の変化の中から、本書もまた生まれた。アドルノが気になり、『美的理論』の重要性を予感しつつ、しかしその難解さに手を焼く何人かの人間が、それでもとにかくこの著作をドイツ語原文で読むために集まった。二〇〇六年、一三年前に遡る。当初は『美的理論』を読むしかなかった。それが、二〇〇九年に『美学講義（一九五八／五九）』が刊行され、読書会は二本立てになる。月に一度集まり、正確に言うと午前中は『美学講義』と『否定弁証法』を読む二つのグループに分かれ、午後は両者が合流して『美的理論』を読むようになった。私たちは、三つの回路を通って、アドルノ美学への接近を試みてきたと言える。まず、とにかく主著『美的理論』を読む、という王道を行く作業である。第二に、テーマにおいて関連するさまざまなエッセイ、論考を精読・味読するという、これもまた正統的な道である。「芸術と諸芸術」「芸術は明朗か」「あの二〇年代」「劇場の自然史」「幻燈的映画論」「ジュ・ド・ポームで走り書き」などが読まれた。第三が『美学講義（一九五八／五九）』の読解である。アドルノの講義は、書かれたテクストとは大きく異なり、懇切丁寧に解説されるわかりやすいものであるがゆえに、これを読むことの意義は測り知れない（これは、五八／五九年講義だけでなく、未刊行の六一／六二年講義にも当てはまるのであって、ベンヤミン・アルヒーフでの閲読は、しばしば驚きの時、愉悦の時となる）。

この研究会の特色は、メンバー構成の多彩さにある。アドルノの美学への関心を唯一の共通項として集まったとはいえ、その関心は、音楽に向かう者、美術に向かう者、文学に向かう者、映画に向かう者、社会学に向かう者、哲学に向かう者と多様であり、四方に散らかるものだった。しかし、これは、アドルノという対象に相応しい事態であるとも言える。アドルノの知的関心は多岐に渡り、個人研究者の容易にカヴァーできるものではない。研究する側に共同の作業が要請される所以である。考えてみれば、アドルノ自身が共同研究の人だった。ホルクハイマーによって構想され、アドルノらと共にフランクフルトの社会研究所を拠点として繰り広げられた批判的社会理論とは共同研究以外の何ものでもなかった。

そして、私たちの中にも、一〇年を超える研究会活動の中から、自分たちが考え議論してきたことを形にして発信してみたいという思いが熟してきた。論文集を編んでみてはどうかという企画が立ち上がった。したがって、本書は、一方で関心の多様性を特徴とする。現代音楽に詳しい者、美術には詳しいが音楽理論には歯が立たない者、哲学オタクの芸術音痴、哲学に憧れる芸術愛好家。いずれも、単独ではアドルノという対象に太刀打ちできないという思いを抱えて生きてきた。それが、共同で一冊の著作を編むことの意味である。しかし、同時に他方で、本書に収録された論考が、私たちが読書会において重ねてきた議論を共通の背景として書かれていることもまた確かである。例えば「芸術と諸芸術」に悪戦苦闘した経験は、ここに収められたすべての論考に何らかの影を落としているに違いない。

さて、ここまでお読みくださった読者の中には怪訝の思いを抱かれた方が幾人もおられるに違いない。本書が中心的に扱う著作の書名をめぐる怪訝の念である。これは、本書の内容の核心に触れる問題であるので、最初に触れておきたい。

アドルノの美学上の主著は ästhetische Theorie という書名を持つ。この書名をどう理解し、翻訳すべきか。「美（について）の理論」は論外である。「美学理論」も採用されえない。なぜか。理由は単純である。まさに、書名が ästhetische Theorie であって、Theorie der Schönheit でもなければ Theorie der Ästhetik でもないからだ。この書名にあっては、Theorie という名詞に ästhetisch という形容詞が付されているのであって、二つの名詞が結びつけられているのではない。ここではästhetisch な Theorie が展開されている、ということだ。その点をきちんと受け止めるとすれば、「美的（あるいは、感性的）理論」と訳すことが——文法的には——唯一正しい、と言わざるをえないことになる。けれども、問題は、そこでこそ発火する。

　これは、アドルノの言語表現に総じてあてはまることだが、そのほとんどすべてが逆説の表現なのだ。本来結びつかない、ほとんど対立関係にあるとさえいえる二つの言葉が、暴力的に接合されている。アクセル・ホネットは「開き出す批判の可能性について——社会批判をめぐる目下の論争の地平からみた『啓蒙の弁証法』[2]」と題された論考の中で、「従来、意味の上で対立関係に置かれていた言葉を、一つの言い回しの中で一緒に使ってしまうような表現」を「交叉語法」と呼び、その具体例として「自然史」「文化産業」を挙げている。ただし、そのような造語の逆説性は「自然／歴史」「文化／産業」といった二つの名詞の結合によってのみ起こるわけではない。形容詞と名詞の接合においても同じことが起こりうる。Negative Dialektik というのはその一例であって、だからこそ、この書名を冠する著作の序言をアドルノは「否定弁証法という表現は伝統に抵触する」（GS 6, 9）ということわり書きと共に書き起こしているのである。その事情は、続けて「既にプラトンにおいても、弁証法は、否定という思考手段によってある肯定的なものが打ち立てられることを欲しているのである」と説明されている。

　同じことは、ästhetische Theorie という書名にもあてはまる。どういうことか。テオリアとは、古代ギリシアにおいて、世界の全体、存在の全体を見る（見渡す・眺望する・俯瞰する）という実践だった。その意味で、神が行う実践だったと言うこともできる。世界から一歩身を引き、隔たりをおいて、その全体を眺め渡すこと。だから、世界に手出し口出しするプラクシス（実践）と対比されもしたのである。それに対して、ästhetisch という形容詞はギリシア語の「アイステーシス」を語源とし、「感性的知覚」を意味内容とする。

見る・聞く・触れる・匂う・舐めるという行為である。その際、「見る」という知覚は二義的である。「直観」とも表現される視覚行為は、場合によっては本質洞察の資格を認められ、本質を見ること、その意味において世界の全体に関わる可能性を認められもする。ショーペンハウアーの美学はその典型例だろう。しかし、見ることも、知覚の一例と見なされる場合には、世界との部分的交渉となる。カントの『純粋理性批判』の「感性論（Ästhetik）」においては、直観（見ること）は世界の多様性と関わることであり、その意味で、世界と部分的にしか関わらない。それは、世界の多様性に対する受容的な行為だった。従って、アイステーシスにはテオリアを行うことはできない。テオリアができるのは、理性であり、「感性論（Ästhetik）」ではなく「論理学（Logik）」でこそ取り扱われるべき問題であるはずなのだ。そう考える限り、ästhetisch な Theorie などというものはありえない。リューディガー・ブープナーに Kann Theorie ästhetisch werden? と題する論文（一九八〇年）があるが、この事情を突く疑問文であることがわかる。

ただし、では ästhetisch の語は、「感性的知覚」を意味するのみであり、「美」や「芸術」とは無関係かというと、全くそうではない。そもそも、バウムガルテンが一八世紀のドイツで「感性的知覚」についての学問を、理性的思惟についての学問としての Logik の傍らに並び立てようとしたとき、この認識論的で学問論的試みの背景には、より基底的な彼の関心として、美の問題、芸術の問題があった。バウムガルテンは、芸術――彼の念頭にあったのは「詩」だが――の身分を高めるという課題を、感性的知覚の権能を基礎づけることを通して成し遂げようとしたのだ。そう考えれば、Ästhetik がその後――「感性論」ならぬ――「美についての学」と受け取られる展開を示したことは、バウムガルテンの意に背くことだったとは言えない。

こうして、カントにあっては、同じ Ästhetik が『純粋理性批判』においては「感性論」を意味し、『判断力批判』においては「美学」を意味することにもなるという錯綜した事態が出来することになるのだが、ただし、『判断力批判』においてÄsthetikは「美」の経験を対象とするにとどまりはしなった。それが「崇高」の経験である。何かが「崇高」と経験されるとき、それが美しい保証は全くない。醜いものも、崇高として経験されうるのではないか。さらに時を経過して、アドルノにとっては、ästhetischな経験はもはやほとんど「美」の経験ではありえなかったのではないか。それとも、不協和音は、現代音楽の理解者によって「美」として経験されているのだろうか。

ästhetischの語をめぐる以上のような事情を考えるとき、この「まえがき」の筆者がアドルノの美学上の主著に与えたいと思う訳語は「感性的テオリア」というものである。このドイツ語（ギリシア語？）表現にまつわる逆説性を最も鮮明に再現するように思われるからだ。しかし、この提案は私たちの研究会内部でも、あまねく賛同を得られるところとはならなかった。この問題については、判断は各自に委ねられた。この「まえがき」で『美的理論』と書かれているのは、次善の策に過ぎない。

アドルノは、書物や論文のタイトルに凝りに凝るこだわりの人だった。それは、矛盾、逆説との格闘の産物である彼の（弁証法的にして顕微鏡的とも形容される）思索そのものに由来する事情である。そして、その事実は、アドルノについて書こうとする者をも巻き込み、困難の前に立たせることになる。書名や論文タイトルの翻訳をめぐる困難だけではない。九本の論考からなるこの論文集の書名の決定も、難渋を極めた。多岐にわたるその内容に対してフェアであろうとした結果、ごくありきたりのものに落ち着いた。

アドルノに学び、アドルノのように考え、書くようでありたいとは、私たちの念ずるところだが、本書が、そのアドルノを裏切る作文となっていないことを祈るしかない。

＊

本書の構成は以下の通りである。

第1章：アドルノ美学の特質を、倫理学との関係を問うことを通して浮き彫りにすることが試みられる。両者は「あれか／これか」の関係にはない。アドルノ哲学に一貫する志向が包摂批判にあり、差異性・非同一性・多様性に繊細に向き合うという意味での感性的（美的）な倫理学が追求されていることが示される。

第2章：唯物論の立場を採りつつ、神学＝形而上学的モチーフを決して手放さなかった点で、アドルノはベンヤミンと共同の戦線を張る。しかし、アドルノの美学における形而上学的モチーフとはいかなるものか。この問いへの答えが、仮象、ミメーシス（とラチオの協働）、真理内実、謎といったアドルノの美学的思考を支える中核概念の分析を通じて探り求められてゆく。

第3章：『美学講義（一九五八／五九）』の解読を通して、二〇世紀初頭に音楽の世界で起こった「表現（主義）」から「構成（主義）」への移行の意味が問われる。この移行は「反転」でもあるという弁証法的関係にあり、主観性を能う限り重視する客観主義美学であるというアドルノ美学の逆説性が、一つの歴史の運動に即して具体的に明らかにされてゆく。

第4章：アドルノは二〇世紀後半のセリー音楽と偶然性の音楽に注意深く同伴しつつ批判的距離をおき、「不定形の音楽」という構想を対置した。素材支配における「抽象的形式の拒絶」と「連関の内在的構成」を内容とするその構想は、自然支配を積極的な自由として解釈する可能性へと道を開くものである。

第5章：アドルノ哲学においては音楽的経験があるべき経験にモデルを与える。そこでは部分と全体の関係が問われるが、それは「部分全体」と表現される。アドルノが「音楽的経験の危機」を語る時、「部分全体の危機」が考えられている。トータル・セリエリズム以降の現代音楽にあっては「部分解放・全体破棄」志向が顕著になるが、これは音楽家自身による音楽的経験の否定を意味しないか。トータル・セリエリズム以降なお「部分全体」という考えによって作曲することは可能だったのか。本章はこの問いと取り組む。

第6章：一九一〇年代、芸術運動の中で行われたモンタージュの実験は、早くも一九二〇年代には文化産業や全体主義にからめ取られるという負の側面を示すが、しかし、アドルノはモンタージュに表現から構成へと至る歴史的移行が陥った袋小路を突き破る積極的な意味をなお見失うまいとする。そして、一九六〇年代に見出される「フェアフランズング（Verfransung）」の現象の中にモンタージュの実験の「請け戻し」と新たな展開を認める。その実例として見出されたのは、「オーバーハウゼン宣言」（一九六二年）に表明される映画の運動である。

第7章：アドルノの芸術論は、一方で、芸術作品の自律性を強く主張しつつ、他方で、社会的現実への深い関心を求める。一九九〇年代初頭に出現したSEA（ソーシャリー・エンゲイジド・アート）とアドルノ美学は接続可能かという問いに、第一に、「アンガージュマン」をめぐるサルトルの問題提起（一九四八年）、第二に、一九六〇年代の「ハプニング」（SEAの起源の一つとされる）の実践に対するアドルノの反応を検討することを通して、肯定的に答えることが試みられる。

第8章：アドルノの自然美理解の特質をヨアヒム・リッターの風景論との対比によって明らかにすることが試みられる。自然の美的な経験が近代化によって可能になったとする解釈を両者は共有するが、リッターが、美的経験を自然支配の外部に締め出すことで両者にそれぞれ存在の場を認め、そのようにして近代肯定の歴史哲学の中に美的経験を埋め込むのに対し、アドルノは、近代化が自然に加えた傷跡そのものが描き出されるフランス印象主義絵画を例に、自然と近代化の「異なる」融和の余地を探る。

第9章：美しく快いものに満足するだけでなく、何かに震撼させられるような経験をも「美的」経験に数え入れるという展開がカントにおいて起こった。「崇高」と形容される経験である。ヘーゲルにおいては、そこからさらに美学の精神化が推し進められ、自然よりむしろ芸術がその経験の場と見なされる。アドルノの思考に綿密に寄り添いつつ、美学の精神化の危うさ、両義性が「持ちこたえ」をキーワードに分析される。

注

1 Martin Endres, Axel Pichler, Claus Zittel (Hrsg.), *Eros und Erkenntnis. 50 Jahre »Ästhetische Theorie«*, 2019 Berlin.

2 Axel Honneth, Über die Möglichkeit einer erschließenden Kritik. Die *»Dialektik der Aufklärung«* im Horizont gegenwärtiger Debatten über Sozialkritik, in: ders., *Das Andere der Gerechtigkeit -Aufsätze praktischer Philosophie*, 2000 Frankfurt am Main, S.85.（『思想』、二〇〇〇年、第七号）。

第一部　総論——美学、倫理学、形而上学

第1章　アドルノにおける Ästhetik/Ethik

藤野　寛

1　はじめに

花ざかりの樹木でさえ、恐怖の影を知らぬげな花見の対象となった瞬間に嘘の塊となる。なんてきれいなんだろうという無邪気な嘆声でさえ、実態はそれどころでない生存の汚濁に対する言いのがれとなる。戦慄すべき現実を直視し、それに耐え、否定性の手加減されることのない意識のうちによりよい世界の可能性を見失わない眼ざしだけが、美と慰めをもたらしてくれるのだ。（…）知識人にとっては、侵すべからざる孤独だけが今日あるいは連帯をなお保つことのできる唯一の有り様である。交際や参加を求めたり、他人に同調して事をなすのは、人間性を標榜しつつ、内実は非人間的なものを暗黙のうちに許容する偽装にすぎない。私たちが一体となるべきは人類の苦悩とである。人間の喜びの方にほんの一歩

でも歩み寄ることは苦悩を強める一歩でしかない。（GS 4, 26f.『ミニマ・モラリア』五番）

アドルノを哲学へと駆り立てていたものとは、美の追求だったのか、それとも不正に対する憤りだったのか——始まりには、この問いがあった。アドルノ哲学における根本経験とは、美的経験なのか、道徳的経験なのかという問い、と言い換えることもできる。一方に、研究者仲間を背に幸せそうにピアノを弾くアドルノがいる。しかし、他方に、「アウシュヴィッツ以後、詩を書くことは野蛮だ」（GS 10/1, 30）と激しい言葉を書きつけずにはいられないアドルノがいる。

この問いとの取り組みは、二項対立的発想を解体する方向に思考を導かずにはすまない。アドルノは『美学講義（五八／五九）』の中で「美的表現は、自然支配によって傷ついた心に声を与える」という趣旨の発言を繰り返すが、だからといって、しかし、社会に存在する不正によって傷ついた心を美の経験によって癒すことを彼が求めていたと解釈するなら、それは一面的であり、誤っている。芸術経験が、それはそれで自然支配（素材支配）の営みであり、それ自体、啓蒙の一翼を担うものでもあるとする認識は、アドルノ美学を貫いてその核心をなす考えであり、美的経験についてもその両側面をふまえることなく理論化がなされているわけではない。否定的な倫理学に肯定的な美学が対置されているのではない。アドルノの美学を「否定的美学」と捉えるとしても必ずしも誤りではないのであって、アドルノの美学と倫理学のこの錯綜した関係を解きほぐしてゆくことが本章の目標となる。

冒頭の問いの設定にあっては、美学と倫理学が「あれか／これか」の関係に置かれているのだが、この問い方が不適切であることは、はなからありありと予感されていた。その不適切さは、美学は美の学か、倫理学は「正義の意味での善」の学かと問うことを通しても確かめられる。美学は、美の学というよりは、感性の学ではないか、倫理学は、正義よりは幸福への問いと取り組む学なのではないか――例えばそのように問うことだ。

そういうわけで、アドルノにおける美学と倫理学の有り様について、両概念をさらに差異化して捉えることから考察は着手される。

2 「包摂」批判――あるいは、部分と全体の弁証法

ナイーブでないということは、視野を拡大し、個々の現象に立ち止まることなく全体を考察するという理論的に責任ある意味に解される場合でも、そこに一抹の暗い影が漂う。それは、先を急ぐために個々のものに歩みを止めることができない有り方、特殊なものに対する一般的なものの優位を暗黙のうちに承認することであり、そこには、概念を実体化する観念論の虚偽がひそんでいるだけではない。観念論の非人間性も認められるのであって、特殊なものを捉えたか捉えないかのうちにたちまち通過駅のようなものに引きずり下ろし、はては省察の中でしか起らない和解の体裁を整えるために苦悩や死とされ早々と折合いをつけるのであり、煎じ詰めれば、避けられない事態にはすすんで太鼓判を捺したがる市民的冷酷さ以外の何ものでもない。認識が真の拡大に通じるのは、どこまでも個々の対象にかかずらい、かかわりの執拗さのために対象の孤立性が崩れ去る場合だけである。もちろんそのためには一般的なものとの関係が必須の前提条件に入ってもくるわけだが、関係といっても包摂のそれではなく、ほとんどそれと逆の関係であると言ってよい。弁証法的媒介とは、より抽象的なものへと遡って行くことではなく、具体的なもののそれ自体における解体の過程である。（GS 4, 82f.『ミニマ・モラリア』四六番）

システムが全体として誤っているとき、その中で「よい人生」を送ることはそもそも可能か。倫理学上の主著である『ミニマ・モラリア』の中でアドルノが突きつける問いだ。アドルノは、「よい人生」とは言わず、「正しい人生」と言っているのだけれども。この問いにアドルノは「否」で答えているように見える。

（全体として）誤っている人生の中で正しく生きることはできない。（Es gibt kein richtiges Leben im falschen.）（GS 4, 43.『ミニマ・モラリア』一八番）

アドルノに特徴的なのは、常に、部分と全体の関係に定位して思考することだ。弁証法的、と形容される関係だ。哲学を実証科学から区別する特質があるとすれば、それは、この弁証法的思考によってこそであり、それによってのみだ、と考えられている。というのも、実証主義的思考は目の前の（部分としての）事実に囚われ、それに縛りつけられており、それを全体との関係において考えることができないし、そもそもする気もないからだ。

弁証法的な関係とは、矛盾をはらむ関係ということであり、アドルノのアンテナは、もっぱら矛盾、逆説に対してこそ敏感に反応する。アドルノのテキストは、一文一文が逆説からなっているとすら言えるほどだ。部分と全体の弁証法的関係は「調和の内なる相互関係」などというものではおよそない。個人と全体が調和の内に相互媒介の関係にある、というような話には、アドルノは不信感（Mißtrauen）、不快感（Unbehagen）をもってしか反応しなかっただろう（星位関係（Konstellation）という言葉ですら——「包摂」に対置される限りで、そう言いたくなる気持ちはわかるとしても——調和のイメージを強く喚起しすぎるきらいがなくはない)。

しかし、全体について考えるなどということが、そもそも可能なのか。全体とは、人生においては経験の所与となることの決してない何ものかではないのか。それについて考えると称することは、必然的に、思弁に、夢想に陥ることを意味しないか。そもそも、「全体は非真である」という文は、「クレタ島の住人はみな嘘つきだ」とクレタ島の住人が言うのに等しい逆説性を孕む。まるで、その文の発話者だけは、非真の外部に身を置きえている(すべては非真だとしても、この文だけは――例外的に――真である)、とでも言うかのようではないか。そんなポジションを僭称しようなどとアドルノが考えていたはずがない。

弁証法について考える場合も、起点となるのはカントだ。例えば、客観的実在として空間、時間を考えるなら、そこでの全体とは無限だろう。空間に端はないし、時間には始まりも終わりもない。空間、時間の全体は所与ではない、と言わざるをえない。にもかかわらず空間や時間について考え始めると、その全体について考えないでは済まされなくなるのであり、思考は必然的に思弁となり、思弁は破綻するしかない。人間(の理性)は、開かれた全体、無限について考えることはできないが、せずにはいられない。

けれども、世界について考える、と言っても、人間に現われる限りでの世界、現象としての世界についてなら、それは可能なのではないか。現象としての世界なら、その「全体」も与えられている(その場合、空間、時間は、客観的実在ではなく、人間の直観能力の形式と見なされる)。そのようにして、カントは、時空をめぐる二律背反を免れようとした。

「全体について考える」上では、全体に当てはまる性質を見出すことが目標になる、とも言えるだろう。「いつでもどこでも誰にとっても当てはまる」性質の認識をめざす、ということだ。そこでは普遍妥当性が目印となる。そして、普遍妥当性を特徴とするものとしては、まずは、概念と法則を考えることができる。

概念は、個々の現象すべてに当てはまるような理解を可能にする。全体に、普遍妥当性に関わるわけだ。「人間」の概念があり、「哺乳類」の概念がある。「近代」の概念があり、「民族」の概念がある。言い換えれば、個々の事象は概念に「包摂」される。概念は、様々な事象に普遍的に妥当する性質を指し示すことによって、それらの事象の全体をまとめ上げ、自らの下に包摂する。

自然科学の認識は、現象の全体に当てはまる場合、真理と呼ばれる。例えば、「水は沸騰すると蒸発する」という命題は、すべての水に当てはまるだろう。「人間は（肌の色に関係なく）いずれ死ぬ」もまた然り。自然現象にあまねく当てはまるルールは、自然法則だ。自然法則は普遍妥当性を備えることで自然現象の全体に適用される。

自然の世界が法則によって統べられているのと同様に、人間の行為も道徳法則の下にある、とカントは考えた。その法則は「定言命法」と呼ばれる。問答無用、有無を言わさずに妥当する、命令の形（すべし／すべからず）をとるルールだ。

あなたの行為の格律が普遍的法則となることを、その格律を通じてあなたが同時に欲することができるような、そうした格律に従ってのみ行為せよ。（『道徳形而上学の基礎づけ』421）

ここでは、個人の信条（格律）と普遍法則の関係が語られている。そして、個別的なものが普遍的なものに包摂されることが、望ましいこととみなされている。その際、包摂は実現可能なものと、いとも無造作に考えられているようだ。ここで「普遍性」とは、すべての人が合意する、というあり方の表現だろう。例えば、カント自身が例に挙げる「嘘をつくべからず」や「困っている人を見たら助けるべし」であれば、普遍妥当性への包摂は、確かに容易に成立するようにも思える。

倫理学では、概して「全体」とは言われない。そうではなく、「普遍妥当性」と言われる。道徳法則は普遍的に妥当する、とさらっと口にされるわけだが、そこで考えられていることは、実質的には、すべての人々の合意、つまりは全体だ。その際、「すべての人々」なるものは表象可能だ、と考えられている。地球上の人口は増え続けているとしても、しかし、常に有限であり、その全体は閉じているからだろう。その際、定言命法にあっては、格律ではなく普遍法則の側にあからさまに優先権が帰せられる。

けれども、倫理的な問いにおいて「エゴイストとしての個人 vs 公正なみんな（の合意）」という二項対立関係を設定することは、本当に正しいのか。問題は二つある。

「全員の合意」なるものは所与ではない。所与でないものが、しかし容易に獲得可能であるかのように想定されている。それでよいのかどうか。これは、統制的原理、ということとも関連する問題だろう。「全員の合意」という「全体」は、所与ではなく、したがって、経験の構成成分とはなりえず、あくまでも個々の経験を統制する原理にとどまる（しかし、「統制する原理にとどまる」とは、この場合、具体的にはどういうことか。達成目標ということか）。

第二に、仮に、「全員の合意」が与えられるとして、では、後はこの合意に包摂されさえすれば一件落着という話になるのか。個々様々なものが具えていた多様性は、そこではどうなってしまうのか。きれいさっぱり消え失せてしまうのか。アドルノは、「包摂」という考え方に留保をつけ続けるのだが、そのことは、「倫理学」そのものに対する彼の留保にもつながってゆく。

生きていく上での様々な行為選択の局面では、普遍妥当性への包摂という原理では話が片づかないケースが無数に出てくるはずだ。見知らぬ他人より身近な家族や友人を優先してしまうというケース——これは、普遍性よりも特殊性の方が重視される事例だ。あるいは、人類の一員であることよりもある民族の一員であることの方が重い意味を持つケース。キルケゴールは、人類の一員として世界史に貢献することよりも、唯一人のこの私の幸福の方がよほど重要な問題だ、と言い切った。エゴイズムとは言わないとしても、強烈な自己中心主義だ（実存主義と呼ばれる）。

そう考えると、カント倫理学の普遍性重視（普遍主義）は、個別性や特殊性に対する暴行、抑圧だ、という批判が十分な説得力を持つものに感じられ始める。もし、倫理（あるいは道徳）をカントで代表させるなら——アドルノはそうしていただろう——倫理とは、それ自体が、普遍性重視であり、その意味で全体主義的である、という批判が十分に成り立つ。『ミニマ・モラリア』二九番の「全体的なものは非真なものだ（das Ganze ist das Unwahre）」（GS 4, 55）とする発言をパラフレーズするならば、「普遍的なものは非真だ」という主張が十分に成り立つのだ。「普遍的に妥当する道徳法則は、非真だ」、あるいは「カント的倫理は非真だ」と。

いや、必ずしもそうとも言えないのかもしれない。それは、物理学（自然学）には当てはまる話であるとしても、それが当てはまらない領域もあるのかもしれない。倫理学がカント倫理学に汲みつくされないのであれば、倫理学もそういう領域の候補となりうる。そして、より有力な候補が、美学だ。

ここでは「判断力」が問題になる。判断力とはこの包摂の能力であり、それは結局「理性」に他ならない、と論じられる。アドルノが目の敵にする「包摂」だ（包摂とは、多様を一なるものの下に組み込むことなので、同一化の能力と捉えることも可能だろう。だから、この能力に抗うことは、「非同一的なものを救済すること」とも表現可能となる。その際、この能力の関心は自然支配にあるとされるのだが）。

しかし、アドルノが判断力という能力をまるごと斥けるのかというと、そうではない。というのも、その判断力について、『判断力批判』の中でカントによって、難解だが、しかし重要であるに違いない差異化が導入されているからだ。そこでカントは、「反省的判断力」について語るのだ（「合目的性（ただし、目的なき合目的性）」についても語っているが）。その際、カントは――体系性への関心から――理性を包摂能力と解する議論を貫こうとしつつも、しかし、事象そのものに促されて――真理への関心から――そのような理性概念に、一筋縄ではゆかないもの、「規定的判断力」一本槍では片づかないものを確認しているように読める。そして、それが、アドルノが評価するカントだ。

「反省的判断力」概念を、カントは次のように導き入れる。

そもそも判断力とは、特殊なものを普遍的なもののうちに含まれている（enthalten）ものとして思考する能力である。普遍的なもの（規則、原理、法則）が与えられている場合、特殊なものをその下に包摂する判断力は、（…）規定的である。けれども、ただ特殊なものだけが与えられていて、判断力がこのもののために普遍的なものを見出さなければならない場合、判断力は単に反省的である。

（…）

さて、ある客観についての概念は、その概念がこの客観の現実性の根拠を同時に含んでいる限り、目的と呼ばれ、ある事物と、目的に従ってのみ可能な事物の性質との一致は、その事物の形式の合目的性と呼ばれるから、判断力の原理とは、経験的法則一般の下にある自然の事物の形式に関しては、自然がその多様性において合目的的であるということである。すなわち、この「合目的性という」概念によって、自然はあたかもある悟性が自然の経験的法則の多様の統一の根拠を含んでいるかのように、表象されるのである。（『判断力批判』序論Ⅳ）

自然について、それを認識するのとは異なり、美しいと判断したり、それがあたかも（生き延びるという）目的に適って存在しているかのように考える場合があるわけだが、しかし、そこでは美や目的についてその概念が与えられているわけではない。与えられているのは、美しい個物や、ある自然環境の下で生き延びるために見事に適応し進化した有機体である。そこでは、全体に当てはまる概念は所与ではないのだが、通常なら、欠如として否定的に扱われるこの事態が、カントによって――アドルノによっても――逆に、全体の下に包摂されてしまわない開かれた事態として肯定的に受け止められている。

普遍的なものは与えられていない、とは、普遍的なものが押しつけられていない、ということだ。美も目的も、概念としては与えられていない。そして、「普遍的なものは非真（でありうる）」とされるのだった。これが、アドルノにあって、倫理学ではなく美学に希望が託される理由なのではないか。

上記の引用箇所で、カントが「自然の多様性」について語っていることは注目に値する。多様性の尊重ということと、「包摂」という操作は、いかにも相性がよろしくない。「普遍性への包摂」という考えは、個物を普遍の一例としてしか受け止めない傾きを伴わずにはすまないからだ。しかし、自然美にせよ芸術美にせよ、「美しいもの一般の一事例」扱いされてしまったのでは、美しいものにとって大いに不本意だろう。

美の経験とは「概念がないのに気に入る」ことだ、と言われる。概念が与えられていないとは、直観されているのみ、と言い換えることもできる事態だ。そして、直観され気に入っているという、その経験がすべての人に共有されるのだという。その際、「概念」が与えられていないという事態を表わすために投入されているのが、「謎」という言葉だろう。「直観されている」とは、「謎」として「謎」のままに受け止められる、ということだ。だとすると、「直観」とは――曰く言い難い、という――欠如態の表現なのだ。現代芸術だけが「謎」めいているのではない。富士山の美しさであっても――概念的に分析・表現できない限りにおいては――「謎」なのではないか。

ただし、反省的判断力について、そこでは普遍性が出番を拒まれている、と考えるとすれば、もちろんそれは誤解だ。特殊と普遍の関係について、包摂のそれではない、と考えるとしても、普遍との関係づけが放棄・断念されているわけではない。ただ個物が輝く、というような話ではないのだ。

アドルノは、美的経験の内に「ユートピアへの回路」を認めている。そして、それは、個物・特殊・普遍の概念セットにあっては、普遍に関わるものとして考えられている。ユートピア的なものは、普遍性の側に位置づけられるわけだが、ただし、それは不在なのだ。なにしろユートピアとは定義上、どこにもないものなのだから（しかし、それがどんなものかはわかっている、ということか）。それに対して、実際にあるのは、個々の苦しみの経験である。これは、厳然と「ある」。

普遍的なものは与えられておらず、見出されねばならない、その意味で、ユートピアと共通する。ただ、その場合、ユートピアは非真なるものと否定的に考えられているわけではもはやない。普遍的なものはただ非真でだけあるのではない。真でもある（概念的に理解可能なものとして与えられてはいないとしても）。概念に対して留保的なアドルノが、しかし、唯名論者であるわけではないという事情が、ここに見て取れる。

アドルノの哲学を ästhetische Philosophie と捉えるからといって、そこで、普遍的なものへの関心が放棄されていると考えるなら、正しくない。普遍性とのつながりは、確かに非人間的にもなりうるが――そしてこの点を強調することにアドルノ哲学の特徴があることは確かなのだが――しかし、それが人間的にもなりうる点には、アドルノはあちこちで念を押している。

アドルノは、理性を包摂能力と解して断罪する「反理性」主義者ではない。そこに登場するのがヘーゲルである。弁証法的関係にかかわる能力として理性を捉えたヘーゲルだ。『美学講義（六一／六二）』の中でアドルノは、ヘーゲルが『論理学』で展開した思考は芸術作品にこそ当てはまる、と大胆なことを言う（『美学講義（六一／六二）』一九六一年七月二七日）。つまり、ヘーゲルの弁証法的理性の議論がもっとも模範的に当てはまるのは美学においてである（自然科学においてではない）、と主張するのである。

3 「人生という芸術作品（Lebenskunst）」

美学・芸術学において「全体」について考える場合、反省的判断力の問題と並んで、もう一つの論点がある（そして、この論点を、アドルノも意識している）。美学では、作品の芸術的価値が問われるわけだが、そこでは「作品」という形で一つの全体が与えられているという問題だ（未完成の作品であっても、一つの全体であることに変わりはないだろう。未完の全体だ）。そして、全体の価値は、部分の価値の総和ではない。というより、そもそも、部分の価値自体が、全体との関係を通してしか確定されえないという双方向的関係が存在する。

美学における全体をめぐるアドルノの議論は、二種類に区別される。一つは、美の概念（普遍的に妥当する規定）についての議論、いま一つは「全体としての作品」をめぐる議論だが、前者においては全体が与えられていないのに対して、後者にあっては全体が作品として与えられているという違いがある。

全体に関わるアドルノの発言といえば、『ミニマ・モラリア』の中の「全体は非真だ」という断言がただちに思い起こされる。しかし、「全体は非真だ」という命題を芸術作品に当てはめることは、ナンセンスだ。それでは、失敗作であると言うに等しいだろう。芸術創造において、成功した作品、つまりは「真なる全体としての作品」がめざされるのは当然のことだ。では、成功した作品にあっては、部分と全体の関係はどうなっているのか。ここでも、それを包摂の関係として捉えることはできまい。部分が全体に奉仕する、という関係であってはならないはずだ。他方で、しかし、部分が勝手に一人歩きしてしまっても駄目だろう（それとも、現代芸術の世界では、「部分と全体の関係」に関して何か変容とでも呼ぶべき事態が起こっているのだろうか）。

芸術作品にはゴールというものはない。ハッピー・エンドか否かが傑作か駄作かを分かつわけではないことは自明だろう。特に、音楽や小説のようにプロセスを伴う芸術とは違って、空間芸術としての美術には、そもそもゴールなどというものはありえまい。そこで追求されているのは、むしろ、部分と全体との「有機的連関」とでも呼ばれうるものだろう。一方で、細部が描き込まれねばならない。しかし、他方で、細部さえ光っていれば、その総和として全体も自ら輝く、ということでもない。部分優先（アトミズム）も採りえないが、かといってしかし、全体優先（ホーリズム）も採りえない、というのが、芸術作品における部分／全体の関係であるだろう。

さて、ここに、芸術作品は芸術作品でも、「人生という芸術作品」について考えるとどうなるか、という新たな問いが浮上する。その背景には、Ästhetik は芸術理論にとどまるものか、それとも、実存の理論でもありうるのか、という問いがある。バウムガルテンは、芸術への関心から、Ästhetik の基礎づけ作業に向かったわけだが、しかし、「感性的知覚（sinnliche Wahrnehmung）」に注視したことによって、理性との対照関係が強調されるところとなり、そのことを通して、Ästhetik は実存の理論にも適用可能な特性を露わにしたのだった。その方向を前面に押し出した最初の人がシラーだった。カント倫理学を強く意識するその議論において、Ästhetik は、論理学との対照関係においてよりも、倫理学との関係において論じられるところとなった。その点をさらに引き継いだのがキルケゴールであることは言うまでもない。

「人生という芸術作品」と考える場合、ある人生が芸術たりえているか否かの基準は、美ではなく、「意味」だろう。しかし、「人生の意味」について、誰もが受け入れる規定は既に発見されているのか。そうではあるまい。認識論にあっては、例えば、哺乳類のような定義、道徳にあっては、例えば「人を殺すべからず」のような規範が、普遍的に妥当するものとして確保されており、それへの包摂がめざされうるわけだが、芸術作品としての人生というコンセプトにあっては、普遍妥当性を主張する意味規定は、今もって与えられていまい。だからこそ、ここでも「反省的判断力」についての議論が有効性を発揮しそうなのだ。そして、「成功した人生という芸術作品」とは「よい、幸せな、成功した人生」だとすると、それを追究するのは倫理（学）だから、そこでは普遍的に妥当する規定が未だ与えられていないことによって、倫理学においても、反省的判断力に出番が回ってくるのではないか。

人生を芸術作品として造形（gestalten）するというのは、魅力的な考え方だ。しかし、人生を一つの全体をなす芸術作品と考えることには、無理がある。人生の全体は、生きている渦中にあっては所与とはなりえないからだ。作品であれば、その全体が鑑賞者に与えられているわけだが（もっとも、音楽作品の初演にあっては、そうではないが）、生きている者に、その人生の全体は与えられていない。その際、他人の人生を眺めることと、自分の人生を生きることとの違いは決定的だ。例えば、キルケゴールの人生を評価するというのであれば、それを目の前に横たわる芸術作品のように観照してそうすることも十分可能だろうが、自分の人生となると、そうは問屋が卸さない。私は、自分の人生の渦中にあり、自分の人生の全体は与えられていない。全体が与えられていないのだから、人生を芸術作品にたとえようとしても、うまくいかない。瞬間瞬間を全力で生きましょう、というようなありきたりの説教にとどまるのが落ちだ。

全体は、先回りして想像されるしかない。想像という仕方では与えられうる。そして、その限りで、人生を芸術作品として造形する、という言い方に妥当する面もあることは確かめられる。しかし、「全体として（非）真なる人生」について語ることは、やはり、誤っていると言わざるをえない。

それにしても何故、「芸術作品としての人生」などということが口にされるのか。その前提には、「現時充足性」という考えがあるのだろう。部分としての「今、この時」が充たされる、という考えだ。それだけでは、しかし、ただ強度を伴う瞬間さえあればよい、それができるだけ数多くあればよい、という話に終わりかねない。それでは、一つのまとまりを持った（全体としての）人生の構想ではなくなってしまう。「今でしょ」の足し算では駄目なのだ。だから、強度を伴う現時充足的な「今、この時」から構成されつつ、同時に、全体としてある連関を織りなしている生のあり方が希求され、それが芸術作品として表象される。「意味の先送り」としての目的論でもなければ、部分重視の原子論でもない。両者は共に批判の対象なのであり、それへの対案として、「「今、この時」主義＋全体論」が採用されるわけだ。

4　感性的（美的）経験（ästhetische Erfahrung）

Ästhetik＝美の学、という等式は、アドルノにおいてのみならず、一般的にも、もはや成り立たない。その点を、明らかにするための手がかりを、以下において感性的（美的）経験（ästhetische Erfahrung）の諸相を分析することの内に求めたい。参照するのは、マルティン・ゼールによるアドルノ解釈である。

(1) 概念への包摂に非ず

アドルノの美学／倫理学について考える上では、そこに「経験」という概念を挿入することが助けになる。美的経験／倫理的経験と対比するのだが、そこではカントがバックグラウンドになるので、いま一つ認識経験というものも考え入れねばならない。経験は、まずは、ある個別的な経験という形で与えられる。例えば、目の前をちょこちょこ歩くペンギンを見て、これは一体何ものかと思案する。そして、それが哺乳類ではなく鳥類に属することを知る。これは認識経験だ。可愛く奇妙なその生き物は鳥類というカテゴリーに分類される。この分類は正しく、「ペンギンは鳥類に属する」という文は「真」との認定を受ける。もし「哺乳類」に分類すると、それは「偽」だ。経験には、多くの場合、この認識という側面が伴うのであって、そこではカテゴリー化、つまりは上位のカテゴリーの下への包摂が行われている。包摂が首尾よく果たされた場合、正しく認識されたことになる。

では、道徳経験とはどのようなものか。ある人に対して嘘をつきたくなる。その気もないのに返すと約束してお金を借りようとする。しかし、嘘をつくのはやはり善くないと考えぐっとこらえる。行為としては何もしていないわけだが、そこでは心の葛藤が乗り越えられており、それは道徳経験と呼ばれえよう。それをカントは、普遍的に妥当する道徳法則 vs 個人の心の傾き（あるいは、個人の行為の信条）の衝突・葛藤と捉え、後者が前者に従うことを包摂されることと見なし、その場合にのみ、善い行為が実現されている、と考えた。ここでも、普遍（法則）への「包摂」は、あるべき事態を表現していることになる。

では、美的経験はどうか。富士山を見て、「あれは丘ではなく、山だ」と考える（認識経験だ）のではなく、美しいと感じる（考えるのではないだろう）。それが美的経験だ。これは、美しいというカテゴリーに個物（富士山）が包摂されることなのか。そうではない、というのがカントの考えだ。というのも、そこでは、普遍的に妥当する性質としての「美しさ」なるものの規定＝概念が、それとしては与えられていないからだ。この経験にあっては、「美」とはどういう性質であるのかということは、それ自体、なお宙に浮いたまま（in der Schwebe）だ。例えば、ピカソの絵を見て「美しい」と感じる人が存在しうる。ピカソの絵を見て美しいと感じるとき、そこでは、同時に「美」とはどういう性質であるかということ自体も、それはそれであらためて問われていることになるのだろう。そこでも、やはり、一つの個物としての作品と、美という普遍的性質との関係が問われているのではあるが、両者は、葛藤関係、せめぎ合いの関係にある、と言ってもよい。めざされているのは、「美」というカテゴリーへの包摂ではない。反省的判断力とは、普遍と個物の両者が、反照（互いが互いを照ら）し合うような関係にある判断をする能力、と言えるだろうか。美というカテゴリーの一例として認知される、という話ではないのである。

美的経験の特（殊）性について考える上では、やはり、自己保存との関係が考慮されねばなるまい。認識経験も道徳経験も、自己保存がめざされる出来事だ（知ることには、それ自体が愉しみ＝遊びでもある、という側面もありうるのではあろうが）。それに対して、美的経験には、自己保存という下心はない。それどころか、ショーペンハウアーも言うように、そういうことは一瞬忘れ去られる。「絵に描いた餅」でしかなくとも――空腹が満たされずとも――構わない。「仮象」という捉え方にせよ、「遊び戯れ」という捉え方にせよ、いずれも、自己保存の棚上げというこの論点を示唆している（ただし「自然支配」という論点は――アドルノに言わせると――もう少しこみ入っている。なにしろ、芸術経験は、それ自体が自然支配の試みでもある、とも言われるのだから）。

(2) 世界との感性細やかな関わり

アドルノにあって ästhetische Erfahrung とは「美の経験」ではなかっただろう。総じて現代芸術に即して考えても、その点は確認できるのではないか。ästhetische Erfahrung とは、世界を感性細やかに経験すること、世界との感性細やかな交渉だ。パスカルなら「幾何学の精神」と対置して「繊細の精神」と呼ぶだろう能力に基づく。世界の「差異」「非同一性」「多様性」に対して、鈍感・抑圧的に働くのではないように関わることだ。

そして、その点は、相手が対象（物）であっても、人であっても変わらない。そう考えると——マルティン・ゼールから学ぶことができるように——アドルノは世界に対してであれ、人に対してであれ、総じて「繊細な・差異化された」という意味での ästhetisch な向き合い方を求めているのであり、倫理の中にも ästhetisch な姿勢が維持されることを求めていることがわかる。言うなれば、ästhetische Ethik をめざしている、とまとめることすら可能になると考えられる。

(3) 観照

「アドルノの観照的倫理学」と題する論考の中でゼールは『ミニマ・モラリア』五四番を引用している。[1]この文脈でとても示唆的だ。

> 人間や事物が自らを開き示すためには、気長で観照的な眼ざしを俟《ま》たなければならないが、そうした眼ざしにおいては、対象に向う衝迫は、常に、いったん挫かれ、反省されたものになっている。真理にまつわる幸福はすべて、非暴力的な考察によってもたらされるが、それは、考察者が対象を併呑しないと

いうことに結びついている。近さは隔たりに結びついているのである。(GS 4, 100.『ミニマ・モラリア』五四番)

主体は、世界（物であれ、人であれ）に自分の都合に合わせて向き合い、関わり合うとしたものだが、それを一旦棚上げすること、そのようにして世界に対して距離を置くこと――それが「観照」であるとされる。「観照的意識」とは、「人間や事物の存在の特殊性に対する感覚（ein Sinn für die Besonderheit des Daseins von Menschen und Dingen）」[2]だと言われるのだが、そこから次のような解釈へと進むことは論理の必然だろう。

アドルノにとって、観照とは、永遠なもの、真なるもの、全きものを確保するために儚いものから背を向けるような、もっぱら理論（テオリア）的な熟慮のメディアなのではない。[3]

この発言を聞いたら、ショーペンハウアーは――この観照美学の代表選手は――目をむくだろう。観照とは――プラトンやアリストテレス、カントにとって、そしてショーペンハウアーにとっても――個別性や特殊性を瑣末（trivial）なこととして切り捨て、本質にこそたどり着こうとする行為（本質直観）であったはずなのだから。こうして、アドルノにおいては、テオリアが――伝統には逆らって――ästhetisch となる途が開かれることになる。

しかし、アドルノの哲学を「観照的」と括ってしまうことは、それはそれで誤っているのではないか。アドルノの哲学が ästhetisch な構成成分を色濃く含むことに異論の余地はない。そして、その構成成分の一つが観照であることも間違いない。しかし、ästhetischというあり方を観照で代表させることは、やはり無理がある。むしろ、繊細さ（Sensibilität）という性質こそ、美的経験にあって最も重要な構成成分なのではないか。それに対しては、「包摂」が敵役になるわけだが、「観照」とは、ともすれば最強の包摂ともなりかねないものなのだ。

(4) 目的それ自体

「目的それ自体」という考え、「目的それ自体としての尊重」という考えを、ゼールは、ästhetische Erfahrungの目印とする。経験がそれ自体として目的とされるのであり、何か他のもののために（手段として）なされるのではない、というあり方だ。けれども、これはやはり、「享受」重視の考え方だろう。快の享受が目的自体となりうるのに対して、苦しみはそれ自体が目的になることはありえない（それは倒錯以外の何ものでもない）。だから、苦しみの経験が重要な役割を演じるアドルノの美学にあって——享受のみならず——認識が、そこに含まれる真理成分が重要な役割を演じることは、これまた必然なのだ。苦しみの経験からは、何らかの真理が引き出されるのでなければならない。

その際、「目的それ自体」という概念は、否定的にしか規定されえないのではないか。つまり、それ以上、何か他の目的のための手段とはならない、という仕方でしか規定されえないのではないか。カントの定言命法の第二定式は、倫理学の話題であるにもかかわらず、この点でも模範的である。つまり、「常に同時に」と表現されている点であって、そこでは、手段であることを認めもするが、そこに尽きるものではないという点にこそ力点が置かれる。つまり、さらに他の何らかの目的のための手段であってもよいのだが、それには尽きず、「そこでストップ」、もはやそれ以上問われることのない「目的自体」という性格も合わせ具えていなければならない、と言われている。「手段／目的」連関の超出ということをカント倫理学は求めている。そして、これは ästhetisch な性格だ、と見なせるのではないか。なぜなら、それは「遊び」と表現される特性でもあるからだ。遊びは、そこで経験される愉しみそれ自体を目的とする活動だ。それは、何か他のもののための手段となる活動ではない。つまり、(他の何かのためには) 何の役にも立たない。勉強するのは、よい大学に入るため (だけ) ではない。勉強それ自体が愉しいから――遊びでもあるから――する。スポーツは勝つために (だけ) するのではない。それ自体が愉しいから――遊びでもあるから――する。そう考えると、カントの道徳哲学も、定言命法の第二定式に表現されている成分においては、ästhetisch で遊戯的 (spielerisch) な Ethik だ――他者の人間性を (自分のそれも、とも言われるが) 目的それ自体として処遇する倫理学として。

「目的それ自体としての人格」という論点は、逆説なのだろう。手段でありかつ同時に目的それ自体でもある点で。ここにカントの倫理学の人間性が表現されていると、アドルノなら認めるだろう。傾向性への抑圧的性格という非人間性への批判と並んで。

道具的理性という観点は、ただ理論理性に関わるだけではない。それは、対人、対他者関係においても有効だ。すると、そこから直ちに、定言命法の第二定式とのつながりも見えてくる。他者を自らの都合のための (自分の目的に対する) 手段としてのみ処遇するとすれば、道具的に理性的な振る舞いの最たるものではないか。ことは自然支配にとどまる話ではないのである。

(5) 現時充足性と全体性連関

ゼールは人生における美的構成成分として二つのものを取り出している。一つは、「遂行への定位

（Vollzugsorientierung）」であり、もう一つは、「全体性との関係（Totalitätsbezug）」だ。前者の論点はどこから出てくるのか。道具的行為に対する批判、という論点である。手段／目的連関において捉えられた行為にあっては、目的＝意味は先送りされずにはすまないので、どこまでいっても現時充足性が欠如してしまう。それに対しては、行為の遂行そのものの意味充実が求められずにはすまなくなる。

ただし、美味しいものを食べたり、極上のセックスをしたりして、前後のことも忘れてしまう、それほどにも今現在に没入してしまう、ということだけでは、経験として十全ではない——そのこともまた明らかだろう。人生の全体との関係も度外視するわけにはいかない。一つの芸術作品のようなものとしての人生は、一つの全体としての人生として、いやが応にも全体との関係において考えられずにはすまない。それがTotalitätsbezugということだ。「人生という芸術」という考え方は、疑いなく、そのことを表現している。

そう考えると、しかし、この二つの構成成分は、あからさまに対立関係にあり、両立しない。一方は、人生を瞬間化する。それに対して、他方は、不可避的に時間のプロセスを前提する。ちなみに、ショーペンハウアーの美学にあっては、美的経験＝観照は、瞬間的経験でありながら、理念化されることによって、つまり、世界の本質の直観的認識と見なされることによって、一定のTotalitätsbezugを獲得することになるのだった。つまり、瞬間的経験ではあるのだが、人生の全体（本質）が圧縮された形で認識＝経験される、という話になる。もしそんなことが本当に可能であるとすれば、それはおそろしく強烈な出来事となるだろう。少し後にキルケゴールは宗教的経験を「永遠のアトムとしての瞬間」と捉えることになるが、それは、プロセスという性格と衝突せずにはすまず、そこには誤魔化しが潜んでいないか、と問わざるをえない。

近代において美的経験がprofane（世俗的）になった、ということは確認できるだろう。かつては、美的経験は自立していなかった。宗教の下にしっかり組み込まれていた。だから、近代に入って起こったことを、美的経験の自立と捉えることは誤りではない。美が宗教に取って替わったのではない。キルケゴールは美的宗教性を天敵としたが、それは、美と宗教の関係の変容に対する彼なりの批判的反応だった、と考えるべきだろう。

人生の中で美的経験が果たす役割が変わったのであって、宗教は退場し、その後に美と倫理が残されたとしても、そこに「美か、倫理か」という二者択一が出現したわけではない。美的経験は宗教に仕える僕《しもべ》ではなくなり、人生に仕える僕になったのだ（いや、そもそも「仕える」というような位置取りそのものから身を解き放ったのだ）。しかし、それが引き受けるべき役割は、あくまで部分的なものでしかない。

人生は避け難くプロセスだ。だから、ショーペンハウアー流の美学（瞬間性の美学、現時充足性の美学）だけで、事足りるはずがない。その一方で、瞬間性の、現時充足性の美学はそれだけでもう駄目、という話にもならない。そういう経験が人生で果たしうる、果たすべき役割の重要性は、どこまでいっても揺るぐまい。

いずれにしても、問題を単純化することはできない。ästhetisch な構成成分と言っても、一つではないし、単純ではないからだ。手段／目的連関からの解放（戯れ、あるいは観照）、現時充足性（強度）、ホーリズム（部分／全体の有機的連関）、細部への沈潜――これらすべてが考慮されねばならないのだが、そのすべてを併せ具《そな》えるような ästhetische Existenz などというものがそう容易に実現されるものでないことは、それはそれでまた明らかではないか。

5　アドルノの感性的（美的）倫理（ästhetische Ethik）

(1) Ästhetik – Logik – Ethik

Ästhetische Theorie とは、「感性的テオリア」とさえ訳されうる表現である。その際、ästhetisch = sinnlich という意味成分があるが故に、ästhetische Erfahrung とは、まさに、人との関わりにおける経験でもありうる。それも、単に美人との出会いというような話ではもちろんない。ゼールの表現を繰り返すならば「人間や事物の存在の特殊性に対する感覚」の発揮なのだ。ある特定の（特別な）他者の、きわめて個人的な欲求に細やかに反応・対応するという振舞いは、確かに道徳的振舞いであると同時にすぐれて ästhetisch な振舞いでもあるだろう。こうして、アドルノにあって、Ästhetik と Ethik は「あれか／これか」の関係にはならない。倫理が ästhetisch な構成成分を含まずにはすまなくなる。それは、カントの道徳理論の不十分さを補うことになるだろうが、だからといって、カントからの離反ではない。倫理的経験をカントのそれに限定しない、と言うにすぎない。

そもそも、バウムガルテンにしても、感性と理性、美学と論理学を対立関係に置いているわけではない。両者の面目を、いかにもくっきりと際立たせようとする議論を展開するわけだが、しかし、両者は「あれか／これか」の関係にではなく、判然と協力関係の内に置かれる。その点が、より体系化された形で示されるのが、『純粋理性批判』における超越論的感性論だろう。バウムガルテンにおいて、そして『純粋理性批判』のカントにおいても、美学は、論理学との対照関係の内で論じられるのであって、倫理学との関係の内にではない。この考え方は、アドルノによってしっかり踏襲されている。アドルノにあっても、美学は、第一次的には、論理学との対照関係の内で取り扱われている。アドルノは、シラー同様に強くカントに依拠する思考を推し進めるのではあるが、Ästhetik を Logik と対比する議論に立ち戻っている、と見ることができる。彼の思考を貫く identifizieren/differenzieren（sensibilisieren）という対比は、Logik/Ästhetik の対比に対応するものだ。

ただし、ästhetische Sensibilität をもって向き合われるべき世界には、当然のことながら人間も含まれるから、その美学は倫理学を含まずにはすまない。アドルノにあっては、ある意味で、倫理学も美学に含まれる。倫理学は美学の下位カテゴリーになる。

アドルノにあって、Ästhetik/Ethik という対照関係が前面化しない理由は、一つには、上記のように、アドルノの思考が、Ästhetik/Logik の対照関係の中を動いていたからではあるが、いま一つに、アドルノの倫理学上の思考が、圧倒的にカントの道徳哲学を前提とするものだったからでもあるだろう。普遍化志向のとても強いカントの道徳哲学に、アドルノの共感が汲み尽くされることは、なかなかあり難いことだったに違いないのだ。

(2) 倫理学の二つのタイプ

倫理学を二つのタイプに差異化する考え方がある。公正な行為の理論 vs よい生の理論、という二分化だ。アドルノが、前者（カントの道徳哲学）には容易に与することができない事情は、普遍妥当性に注目する第二節の議論によって明らかにすべく試みられた。その上で、カントが普遍妥当性一辺倒の理論家だったのかというと、決してそうではないことが、『判断力批判』における反省的判断力の理論に注目することで浮かび上がってきたのだった。

そこから、しかし、アドルノは、Ästhetik の理論家であり、倫理学の理論家だったのではない、Ästhetik のカントは認めても、倫理学のカントは認めない、と言って片づけられるかというと、それはそうではない。その点が、「よい生」の理論としての倫理学に注目することで見えてくる。

さて、「よい生」についての教説としての倫理学と、「(正義に適うという意味で)善き行為」についての教説としての道徳哲学を区別することが有意味であると考えられるとして、アドルノは、その倫理学においてどちらに力点を置いているのか。幸福か、正義か。「観照」に注目するアドルノ解釈においてゼールが提示しているのは、断然「幸福」の側に力点を置く解釈である。ゼールは、アドルノ哲学の主要動機をなしているのは、失われた幸福への悲哀である、と言い切るのだから。もちろん、その場合でも「悲哀」という仕方で否定主義的に論じられるのではあるが、根本経験は幸福だとゼールは言う。

若い頃からアドルノは繰り返し力説して来た。自由と幸福、道徳と正義、総じて個人的で社会的な良きことは、現在の条件下では否定的にしか規定されえない、と。それらは、その倒錯した形態に即してしか認識されえない、と。これは、しかし、あからさまな自己欺瞞だ。というのも、アドルノの倫理学は根本的にその起点を肯定的な経験から、さらにそれにとどまらず、根本的に肯定的な経験から受け取っているのだから。充たされた時というプルースト的でベンヤミン的なモチーフが、ここでは強い力を持ってはたらいている。[4]

この点はアドルノ自身認めるところでもある、と言われる。トーマス・マン宛ての手紙の中ではアドルノは尋常ならず率直に、こう告白しているのだ。

> ヘーゲルから、そしてヘーゲルを継承する人々から、私の血肉の中に食い入ってきたものがあるとすれば、それは、肯定的なことを無媒介的に口にすることに対する禁欲です。嘘偽りなしの禁欲です。どうか信じてください。というのも、私の自然本性にはるかに近いのは、その反対、つまり、希望をあっけらかんと表現することの方なのですから。[5]

『ミニマ・モラリア』の花盛りの樹の美しさについての断章は、この解釈に対する傍証なのか、反証なのか。アドルノにとって表現へのより切実な動機になっていたのは、不正の告発こそ、それだったのではないか（ブレヒトの詩「抒情詩には向かない時代」に示されたモチーフだ。ブレヒトも、美への感動を認めないわけでは決してないが、ただ、ペンを取ることへの動機を与えるのは、不正に対する憤りだ、と言う）。もちろん、トーマス・マンへの手紙の中のこの発言も、それはそれで両義的だ。できれば、肯定性の内にとどまっていたかったのだろうが、それでは、哲学すること、表現することへの欲求自体がそもそも萎んでしまいかねないと認めているのだから（ゼールのアドルノ解釈では、アドルノにおける「不正の告発」というモチーフが背景に退きがちになることは否めない）。

もっとも、『ミニマ・モラリア』は、ästhetische Sensibilität が失われてしまうことがアウシュヴィッツの野蛮を生み出した、と解釈することで、両者（美学と倫理学）を結びつけようとしている、と読める本でもある。不正は、悪意から生まれるのではなく、鈍感さから生まれるのだ、という話になる。おそらく、これが、アドルノにおける「Ästhetik/Ethik 問題」に対する正解なのだろうが、しかし、逆説性を緩めることで

「正解」が得られたとしても、それではアドルノの思考の魅力はむしろ薄まってしまうように感じられる。

こうして、「よい生」への関心という補助線を引き、倫理学を、「道徳的尊重」ではなく、「よい（幸せな）生」の教説として捉えつつアドルノを読むという視点を手に入れると、アドルノの思考の中には、その意味での倫理的成分はたっぷり含まれていることが見えてくる。「よい（幸せな）人生」の実現のための不可欠の構成成分としての Ästhetik という観点だ。

(3) Ethik の困難な課題

個物／特殊／普遍の関係を、徹底して「包摂」の関係にはならない方向で考えること——そうすることによってのみ、個物（や特殊なもの）の救済も可能になる。キルケゴールがその実存哲学において個人と歴史の関係に即して希求したことだが、考えてみれば、それは、芸術作品にあっては自明の事柄なのだ。一つの傑作が生み出されればもうそれ以上芸術創造の必要はなくなる、という話になど収まるはずがない。そのことは、しかし、実は倫理学の課題でもある。一人一人の個人のかけがえのなさという理念と、すべての人の平等という理念が、両方共に手放されてはならないということは、倫理学にとって根本的な、そして、にもかかわらず、ほとんど「逆説的」とさえ形容されうる困難な課題なのではないか。それに対して、芸術理論においては、すべての作品の平等などという理念はおよそ存在せず、その点、事情は歴然と異なっている。ここでは、評価という仕方で差がつけられはするが、しかし、複数性は自明の前提だ。「最高傑作」というような言葉が平気で口にされるのが芸術の世界だが、しかし、最高傑作が複数あっても一向に差し支えないのもまた芸術の世界だろう。それに対して、倫理学では「人間の最高傑作」という意味で「最も善い人間」などとは口が裂けても言われない。「最高善」について語られるにもかかわらず、そうなのであって、倫理学の困難はこの点に（も）根ざす。

そう思ってみてみると、アドルノの言う「ミニマ・モラリア」（最小の道徳）とは、ほとんど「美的倫理」とすら言い換え可能なコンセプトであることがわかる。「大きな倫理学」という、すべてを包括する理論ではなく、あくまでも多様性を、非同一性を重視して手放さない倫理学が追求されていることになる。

(4) 承認

アドルノ哲学を観照的な哲学とみなすゼールの解釈は、アドルノ哲学を全体として ästhetisch な哲学と捉えるもので、一面で的を射ていることは間違いない。アドルノの哲学を一貫して貫く動機の一つが美学であることには、疑いの余地がない。しかし、ではアドルノの哲学は ethisch ではないのかというと、そうではあるまい。その時、Ästhetik と Ethik をつなぐ架け橋の役割を果たすものとして、「承認」概念に注目されることになる。それは、無関心にただ観るだけ、という――伝統的に「観照」に向けられてきた――批判に抗する論点を含む。承認においては、人は無関心にただ観ているだけではない。というのも、承認にはその前提として、肯定的に評価するという点で、対象への肩入れ、コミットメントがあるからだ。それは一面で、確かに対象から距離を置くことだが、しかし、無関心であるわけではない。アドルノの哲学は、ästhetisch-kontemplativ（美的・観照的）であるとしても、だからと言って、全く existentiell（実存的）ではないということにはならない。承認という姿勢においては、観照的でありつつ実存的である、という可能性が開かれている（そして、後者の論点、つまり実存的な側面を強調するのがアクセル・ホネットだ。ゼールの解釈を採用するとしても、ホネットによる相対化＝修正の論点が忘れられてはなるまい[6]）。

「何かあるもの――ある対象やある相手――を、その独特のあり方にあるがままにさせること（Etwaseinen Gegenstand oder ein Gegenüber-in seiner Eigenart sein lassen)」[7] とまとめられた認識理想には「承認」が含まれており、それが倫理的だ、と認められる。そして「その独特のあり方に（in seiner Eigenart）」という点に、ästhetisch な特性が含まれるのだ。それは、（対象の、相手の）特殊性の切捨てによって成り立つ「包摂」とは対極的な認識のあり方だ。

アドルノの思想は美的か、それとも倫理的か、という問いの設定は誤っている。アドルノの思想は、美的であり倫理的だ。そして、それは観照的でもある、とゼールは言うわけだが、その場合、その「観照」は、本質直観として普遍的性質をこそ対象とすると考えられてきた伝統的概念からは大きく逸脱している。そこでのポイントは、「隔たりを置くこと」だ。問題の渦中に身を投じ入れる姿勢としてのアンガージュマン（当事者主義）と反対の姿勢なのだが、しかし、思考にそういう（アンガージュマンという）側面もまた必要であることは、それもまた否定できないのではないか。

(5) 締め括りに

『ミニマ・モラリア』では倫理的経験が問題になっているとして、それはどんな経験なのか。人と人の関係がどれほど話題になっているのか。差別する（される）というような経験は、カント的倫理学の問題だが、そでは、「愛」についてはどうか。つまり、普遍妥当性というカテゴリーでは片づかないような経験だが、そこにも目は向けられているはずだ。「ミニマ・モラリア」とは、そういう意味の言葉であるものだろう。単に、具体的な（小さな）事象にも目が向けられている、という話ではないはずだ。

倫理学は、カントのそれが範例として考えられている限りにおいて、個別的な格律を普遍法則に包摂することを求める言説になってしまう。その限りでは、アドルノは倫理学に対してつれない態度を採らずにはすまなくなる。けれども、現実にはそうならなかった。というのも、アドルノは『ミニマ・モラリア』というようなタイトルの本を書く人でもあったからであり、大鉈を振るうような議論への批判を怠ってはいないのだ。道徳的な問題に大鉈を振るうことなく繊細に反応するアンテナを具《そな》える人として、アドルノは、この本の中で、カント的倫理学の枠には収まりきらない現象をフォローしている。

暴力的に要約すれば、普遍妥当性の尊重か、特殊性（差異）の承認か、という「あれか／これか」になるのだが、こういう問いの立て方自体が、いかにもキルケゴール的「あれか／これか」に引きずられすぎていることは明らかだ。それは、誤っている。アドルノにおいて、そして、おそらく、総じて人生において、美と倫理は二者択一の関係にはない。「美の倫理的重要性」[8]があるのと同じように、「倫理の美的重要性」もまたあるに違いない。ゼールが指摘するように、[9]芸術創造というのは息の長い骨折りなのであって、「芸術は爆発だ」と言っているだけでは、文字通り、爆発後の廃墟しか残されまい。人生には、美的な要素があり、倫理的な要素もある。両者がどのように関係しあっているのかという点こそ、問われねばならないのだ。

「否定主義者アドルノ」を確認し、その上で、その偏りや狭さを克服する、と称する定番化したアドルノ解釈を、ゼールは、アドルノがただの否定主義者でしかなかったわけではない側面を示すことで、批判している。そのようにして、ゼールは、一つには、「否定主義者アドルノ」像の修正を試みるのだが、いま一つ、「美学理論」に没頭するアドルノではなく、倫理的経験もたっぷり重ねるアドルノ像を浮かび上がらせようと試みている。そして、その両側面は、連動している。なぜなら、アドルノは、その人間関係において——親との関係においてのみならず、女性関係においても——ふんだんに肯定的な（幸せな）経験を重ねた人であっただろうから。

6　展望

『歴史哲学テーゼ』において、ベンヤミンは、「進歩」という考え方に鉄槌を下した。にもかかわらず、アドルノは、「進歩」の理念を完全には手放さなかった。とはいえ、「進歩」とは、自然支配という尺度に基づく「改良」を意味すると解釈することも可能な概念であり、だとすると、その「進歩」は部分的にしか妥当せず、「全体としての進歩」については語りえない、とアドルノが考えていた可能性は大いにありうる。

こうして、アドルノの「美学／倫理学／歴史哲学」が、一つの連関をなす問題としてその輪郭を現わし出してくる。普遍法則としての道徳法則を打ち出す倫理学、進歩の理念と切っても切れない関係にある歴史哲学——その両者に対して、どこまでも多様性（非同一性）に定位する美学は、いかにしてその立場を主張し続けることができるのか。歴史のみならず歴史哲学もまたがれきの山の観を呈する今日、引き続きベンヤミンとアドルノに問い尋ねたい、と思う。

注

1　Martin Seel, Adornos kontemplative Ethik, in: ders., *Adornos Philosophie der Kontemplation*, Frankfurt am Main 2004, S. 33.

2　Seel, Einleitung: Die Ambivalenz der Kontemplation, in: ders., *Adornos Philosophie der Kontemplation*, S. 13.

3 ibid.

4 Seel, Adornos kontemplative Ethik, 34f.

5 *Th. W. Adorno/ Th. Mann, Briefwechsel 1943-1955*, Frankfurt am Main 2002, 121f.

6 Vgl., Axel Honneth, Verdinglichung. *Eine anerkennungstheoretische Studie*, Frankfurt am Main 2005, S.69.

7 Seel, »Jede wirklich gesättigte Anschauung«. Das positive Zentrum der negativen Philosophie Adornos, in: ders. *Adornos Philosophie der Kontemplation*, S.24

8 Martin Seel, Ästhetik als Teil einer differenzierten Ethik. Zwölf kurze Kommentare, in: ders. *Ethisch-ästhetische Studien*, Frankfurt am Main 1996, S.18.

9 Seel, Ästhetik als Teil einer differenzierten Ethik. Zwölf kurze Kommentare, S.17.（「美的行為は、自己目的的な知覚の遂行ということをめざしているが、しかし、（芸術家にとってであれ観察者にとってであれ）それが可能になり達成されるためには、往々にして、難しい手段が、遠い道のりが、息の長い努力が必要なのであって、その点、多くの他の喜ばしい事柄と何ら変わりはない。」）

第2章　〈我ガ望ミ空シカラマジ《ノーン・コーンフンダル》〉

——アドルノの美学における消失点としての形而上学

杉内有介

1　サンレモの共同戦線

ヨーロッパを離れ、ニューヨークのグリニッチヴィレッジに居を構えてから約二か月後の一九三八年五月四日、アドルノは、パリに亡命していたヴァルター・ベンヤミンに宛てた手紙のなかで「サンレモで確立された基本路線」について言及している。[1] アドルノとその結婚して間もない妻グレーテルは、アメリカに移住する直前の一九三七年末から一九三八年の年頭にかけ、ベンヤミンと落ち合うためにそのリヴィエラの保養地を訪れたのである。「この日々は、ぼくらの共通の関心事にとってたしかに実りあるものでした」とベンヤミンがホルクハイマーに報告しているように、[2] サンレモにおけるアドルノとベンヤミンの会話は（これが、二人が直接交わした最後の会話だった）、その後二人の手紙のやり取りの中で何度も言及されることになる。

サンレモでの二人の主な話題は、ホルクハイマー主宰の「社会研究所」の機関誌『社会研究誌』に二人がそれぞれ近く発表を予定していた哲学的美学の論文——アドルノのヴァーグナー論と、ベンヤミンのボードレール論――の構想についてだった。[3] これに関して、またその他にもどんな問題が話し合われたのかについては、その後の二人の手紙における折々の言及などから部分的に推測することしかできないが、確実なのは、冒頭で触れた手紙でアドルノが「あなたと私が最後にサンレモで神学について交わした会話」と述べているように、神学が重要な論点の一つとなったことである。

　アドルノはその手紙で、ベンヤミンの年来の友人ゲルショム・ショーレムにニューヨークで出会ったときの印象を報告しつつ、数か月前のサンレモでの会話に次のような文脈で言及している。「私がショーレムに対してもっとも好感を抱くのは、彼があなたの哲学の、そしてまた、こう言っても許していただけると思うのですが、私の哲学の、神学的なモチーフの弁護人になっている点です。そして神学的なモチーフを放棄することに反対する彼の一連の議論、とくに、事実あなたにおいては（また私においても）神学的モチーフは方法によって消し去られてはいない、という議論は、サンレモでの私の補説と一致しています。（…）しかし私は同時に、自分の抱く好感に押し流されてはならないという義務も感じ、こう認めざるをえないのです。あなたの吸取紙の比喩や、神学的経験の力をそれと知られずに世俗的なもののなかで働かせようとするあなたの目論見のほうが、ショーレムが考えている神学の救出よりも、はるかに決定的な証明力を持っているように思える、と。そういうわけで私は、サンレモで私たちの間に確立された基本路線を堅持しました。つまり、私たちの哲学に〝異物〟の契機があることを認めつつ、しかしそれが侵入してくることは必然的なことだとショーレムに主張したのです」。[4]

　アドルノはここで、自分とベンヤミンの双方にとって、哲学において神学のモチーフを働かせること、ただしショーレムのやり方とは異なり、「神学的経験の力をそれと知られずに世俗的なもののなかで働かせようとする」ことが重要だと言っている。神学的モチーフが「方法によって消し去られてはいない」というその「方法」とは、一九二九年ごろからベンヤミンの仕事において目立ってきていたマルクス主義的・唯物論的な方法を指していると思われる。[5] ベンヤミンが唯物論的な方法を採用したとしても、元来の神学的なモチーフは消えていないし、消えるべきではないとショーレムは言い、アドルノは我が事としてそれに同意している。しかし神学的モチーフの弁護人たるショーレムにとっては、唯物論的な方法は好ましからざる「異物」であるのに対し、[6] アドルノは、神学のモチーフは世俗的な唯物論的方法と両立できると言うにとどまらず、前者は後者の中でこそ生き延びることができる、さもなくば神学の救出という目論見の成功の見込みは限りなく薄い、と主張している。[7] そしてこれこそがベンヤミンとの間で「サンレモで確立された基本路線」であると確認しているのである。[8]

形而上学とは、この世界と生の究極的な意味と根拠をこの世界を超えたところに求め、それを原理として定式化しようとする思弁的試みであると言える。形而上学は中世には「神学の婢《はしため》」として、その後は神学の批判的継承者して存続したが、近代の世俗化の進展とともに凋落の一途をたどった。そして、アウシュヴィッツという言葉で象徴される二〇世紀の破滅的な出来事を経験した後では、世界と生の意味を確約しようとする形而上学めいた知的試みの全てがいかがわしさを帯びる、とアドルノは一九六〇年代に述べることになる。精神や存在を超越へと祭り上げる形而上学を唯物論的な立場から批判して、アドルノは次のように書いた。「アウシュヴィッツ以降は、世界がこうして存在することには肯定的な意味があるとするいかなる主張にも、犠牲者たちの運命からたとえかすかであれ何らかの意味を引きだそうとする態度にも、これらはみな信心ぶった空疎なおしゃべりではないか、かれら犠牲者たちに対する不当な行為ではないかという反感が沸く。こうした感情には客観的な契機がある。この世界の意味を、肯定的に設定された超越的存在から輝き出てくるようなものとして作り出そうとする試みの一切を、あの出来事は嘲り笑わざるをえなくさせている」（GS 6, 354）。

それにもかかわらず、世界のただ中で「一体これがすべてなのだろうか」（ibid., 368）と問う形而上学的な衝動、「地上の恐怖が最後の決定権を持たないことを望む」[9]衝動は、今なお正当であるとアドルノは言う。超越的存在を実体的に想定することはできないが、社会の強制や暴力の下で苦しむ主観の「このような苦しみは取り除かれなくてはならない」とする肉体的・道徳的な衝動は否定することはできない。アドルノの『否定弁証法』は、思考がそのような肉体的・道徳的な衝動の側に立ち、社会の仮借ない強制の論理とその写し鏡であるみずからの「同一性の原理」を徹底的に反省することによって、「脱出の力を内在性の連関から手に入れる」（ibid., 398）ことを目指す哲学の試みだった。そのような哲学だけが、「たとえはるか遠くのかすかな可能性としてであれ、存在する事物の中での救済の可能性」（ibid., 392）を残しておくことができる。このような哲学を、「唯物論へと移行」（idid., 357）した形而上学と、また、「形而上学が崩壊する瞬間にその形而上学と連帯する思考」（ibid., 400）と呼んだとき、アドルノは一九三八年の「基本路線」になおも忠実だったのである。

この事情は、アドルノの美学にとっても同じである。アドルノが『美の理論』において「全ての美学的問いは、最終的には芸術作品の真理内実への問い、すなわち、〈ある作品がその特殊な形態のうちに客観的に精神として内に孕むものは真理であるのか〉という問いにたどり着く」（498）と定式化するとき、『美の理論』の中心に神学・形而上学的なモチーフが伏在していることが明かされている。

2　破局の夢――モダニズム芸術

アドルノの美学は、終始一貫してモダニズム芸術についての理論である。それ以前の時代の芸術に触れられる場合でも、固有の歴史的文脈から作品を把握しようとする歴史主義の立場ではなく、あくまでもモダニズム芸術の理解に照らして理解しようとする。「方法的原理となるのは、歴史主義と文献学の慣習に従うのではなく、逆に、最新の現象からすべての芸術に向けて光を投げかけることである」(533)。アドルノがモダニズム芸術に固執するのは、モダニズム芸術の形式と内実にこそ、この時代と社会についての経験と深く結びついた形而上学的な衝動が表現されていると考えているためである。

芸術は、現実の断片を素材としつつ、制作過程を通じて現実と異なる実在性をもつ虚構的な表現を成立させ、それによって概念的言語による意味とは異なった意味を伝達する。現実とは異なる虚構でありながら、それにもかかわらずある種の実在性、迫真性、真理性をともなって見る者に訴えかけるという芸術特有の二重の性格を、アドルノは「仮象(Schein)」あるいは「美的な仮象(ästhetischer Schein)」と呼ぶ。芸術家が作品の制作過程を通じて、作品を構成するさまざまな要素をある全体に統一することに成功したとき、仮象が成立する。このような仮象性格によって、芸術作品は現実世界の有用性の連関から切り離された半ば自律的な存在となる。

仮象であるということは、虚偽であることと同義ではない。芸術の仮象は、いくえにも媒介されながら社会や時代についての真実と関わりをもつ、というのがアドルノの確固たる――形而上学的にして唯物論的な――立場である。アドルノによれば、現実との関わりを意図的に拒否する唯美主義的な芸術や、一切の具体的な内容を振り捨てたように見える抽象芸術も、社会的な真実の媒介された表現でありうる。芸術の仮象が虚偽となるのは、芸術が仮象としての自覚を失って自分こそが真の実在であると言い張るときや、仮象が現実の虚偽に加担することによって真理へ関わる権利を失うときである。

前者の典型的例を、アドルノは一九世紀のヴァーグナーの作品に見ている。ヴァーグナーの作品において、芸術は仮象であることを隠し、仮象以上のもの、宗教の代替物になろうとする。「美的な仮象は、一九世紀において幻影《ファンタスマゴリー》となった。芸術作品は自分が制作されたものであることを示す痕跡を拭い去った。（…）芸術作品の仮象性格は強化され、芸術こそ絶対であるという仮象にまでいたった。芸術宗教というヘーゲルの言葉の背後には、こうした芸術の仮象性格の絶対化という事態が隠れていたのであるが、この言葉をショーペンハウアー主義者であるヴァーグナーの作品は文字通りに受け止めたのだった」（156f.）。

後者の例の一つは、二〇世紀の文化産業、つまり資本による芸術の商品化である。文化産業は芸術を支配下に組み入れ、現実と切り離されつつもそれによって現実に関与するという芸術本来の仮象というあり方を、過酷な現実を一時忘れるための多かれ少なかれ高尚な逃避手段として売り出し、そのような需要をあおることで正当な芸術への欲求をも偽りのものにしてしまう。「イメージなき現代世界のただなかで、芸術への需要が、そして大衆の芸術への需要もまた増大している（…）。この需要は、脱魔術化した世界を魔術の残像で慰めるという補償的性格をもっており、これが芸術を〈世界ハ欺カレルコトヲ欲スル〉という格言の実例に貶め、芸術を歪める。（…）この社会的需要に芸術が応えるかぎり、芸術は利益に操作される事業になってしまっている。（…）そうした需要は偽りの社会によって統合されており、それによって偽りの需要になっている」（34f.）。

また、現実に起きた道徳的な破局を前にしても、それを見なかったかのごとく変わらず美しい仮象であることを止めようとしない芸術も、現実の虚偽への加担となるだろう。アドルノが「アウシュヴィッツの後に詩を書くことは野蛮である」（GS 10/1, 30）と言うとき、このことを指している。「アウシュヴィッツでのあのようなことが、哲学、芸術、そして啓蒙的な幾多の学問の伝統のただなかで起きえたということ（…）それは、それらの個々の領域のなかに、つまり、それらが自立した自給自足的なものであるという激しい自負のうちに、非真理が潜んでいるということである」（GS 6, 359）。

芸術は、芸術の「本来の意味での権利」として、「みずからが真理であることの資格」（164）を主張する。芸術は仮象でありながら、虚偽に逆らうという矛盾した二重性格をもち、この矛盾性格が古来から芸術を成り立たせている。しかしアドルノによれば——ここに啓蒙の弁証法として捉え返されたアドルノの唯物論の立場が明確になる——近代にいたる芸術の歴史において、素材の選択、使用可能な技術、テーマの選択、ジャンルの幅など、芸術の自由が拡大する反面、芸術の不自由、すなわち上記の例に見たような、芸術が虚偽になる条件もまた全面的に拡大している。[10]

何かしらの肯定的な意味を与える「美しい仮象」が虚偽にしかならないという歴史的社会的条件のもとで、「本来の権利」である「真理である資格」を失うまいとして、仮象を極小にまで縮減する傾向を持つのがモダニズム芸術である。モダニズム芸術はしたがって、美しい仮象を否定して、作品における傷跡や破れ目を強調する。アドルノの本領たる現代音楽では、シェーンベルクにおいて調性が破棄され、不協和音が中心となるが、この不協和音的なものは、文学ではポーやボードレール以降、絵画では印象派以降の「すべてのモダニズム芸術の徴《しるし》」（29）である。「芸術から出現するものはもはや理想と調和ではない。芸術が与える解決は、矛盾に満ちたものと不協和音的なものにその場所を持つ」（130）。モダニズム芸術はその発展とともに、その否定性を全面的に展開し、「黙示録の災厄を先取りする」（131）かのような形式をとるにいたる。

しかしアドルノによれば、芸術の仮象とは、芸術が芸術たる根拠、芸術がそれを通じて真理と関わる媒体でもある。モダニズム芸術が真理であろうとして行う仮象の否定は、原理的には、みずからの真理の条件の否定でもある。このような不可能な課題を抱えこむ結果、モダニズム芸術はほとんど反芸術にまで接近することになる。しかし、モダニズム芸術は、全面的な否定そのものを通じて、反転した宥和の仮象となるという可能性をわずかに残している。一九六六年時点の芸術状況を見渡しつつ、アドルノは次のように言う。「最近の優れた芸術は、芸術の廃棄という悪夢そのものであるが、その一方、それが実在することを通じて、その廃棄という悪夢に逆らってもいる。それはあたかも、芸術の終末が、人類の終末を予告して脅しているかのようであり、また人類はみずからの苦しみのために、その苦しみを鎮めたり和らげたりすることのない芸術を求めている。芸術は、人類に先んじて人類の没落の夢を見るのだが、それは人類が目覚め、みずからを律し、生き伸びるようにと願ってのことなのである」(GS 10/1, 451)。だからこそアドルノは、「ベケットの舞台作品の前ですら、舞台の幕はまるでクリスマスの部屋を前にしているかのごとくに上がる」(GS 11, 600) と書くことができるのだ。

3　合理性《ラチオ》を従えるミメーシス——啓蒙、戦慄、自然美

アドルノは、芸術を「ミメーシス的ふるまいの避難所」(86) であるとか、「ミメーシスが住まう領域」(142) と表現している。ミメーシスとは再現的模倣を意味する古代ギリシャ以来の美学の概念であるが、これについてアドルノとホルクハイマーは『啓蒙の弁証法』において次のような歴史哲学的再構成を行なっている (GS 3, 19-60, 205)。

ミメーシスの起源は、昆虫が行う擬態のような生物学的・生理学的次元にまで遡る。ミメーシスは、自己を環境世界の自然物や敵へと同化させ、それによって自己を保存しようとする本能的衝動である。先史の人間社会においては、ミメーシスは——例えば祭祀に使われる威嚇的で恐ろしい表情の仮面のように——人間が自分たちの生存を脅かす強大な自然や他者を模倣することでその恐怖を克服しようとする呪術的かつ啓蒙的な共同体のコミュニケーション行為になり、また同時に、血生臭い犠牲の儀式というかたちをとって、克服した恐怖を社会の組織化と維持のために再活用する合理的かつ呪術的な支配の行為にもなる。この段階においてすでにミメーシスの合理化の契機が見られるが、社会の合理化がさらに進展すると、政治経済など社会運営の広範な領域からミメーシスは追放され、芸術という隔絶した領域が「避難所」として割り当てられる。このように人類の歴史はミメーシスにとっては撤退と縮小の歴史であるが、これら諸段階を通じて、ミメーシスとは、恐ろしくまた魅惑的でもある他者へと同化することで自己をいったんは失い、それを通じて逆説的に自己を保存しようとする、身体的な表出行為と結びついた適応の反応であると言える。

芸術という領域で生きながらえ、「美的」なものとなったミメーシスは、合理性の貫徹する現実社会において無力となる代わりに、生存のためのやむにやまれぬ強制から、つまり呪術的な行為と切り離せない血生臭い暴力的な契機から解放されている。それは、非暴力的な形式へと昇華され陶冶された人間の精神とコミュニケーションの一形態である。その意味で、芸術は、まぎれもない進歩のしるし、啓蒙への寄与である。「芸術は、呪術へ逆戻りすることに対してアレルギー的な拒否反応を示す。芸術はマックス・ヴェーバーが言う世界の脱魔術化の過程の一契機であり、合理化の過程に組み込まれている」(86)。しかし、美的なミメーシスの呪術的な来歴は完全に抹消されるわけではなく、いわば痕跡器官として保存されている(487)。美的なミメーシスは、啓蒙への忠誠ゆえに、太古の戦慄を忘れまいとし、それを救おうともする(130)。アドルノにとって、美的なミメーシスの原像は次のようなものである。「［変容したミメーシスである］美的な行動様式とは、何らかのしかたで身震いする能力として――あたかも鳥肌を立てることが最初の美的形象であるかのように――定義できるかもしれない。（…）戦慄とは、他なるものに触れられていることである。美的な行動様式は、その他なるものを支配するのではなく、それに即してみずからを形成するのである」（489f.）。

このような太古の戦慄の想起でもあるような美的なミメーシスの自己形成、つまり芸術作品の制作は、アドルノによれば、呪術への逆行ではなく、高度な合理性を通して実現されるべきものである。美的なミメーシスが我がものとできる合理性とは、芸術の制作における素材の選択や処理のしかた、つまり作品制作の「技術」として発揮される特異な合理性である。「芸術とは、みずからを客観化するために、もっとも進歩した合理性を――素材と制作方法を支配するものとしての合理性を――意のままに操るミメーシス的ふるまいである」（429）。この合理性は、経済的・行政的・科学的な合理性とは性質を異にしている。これら芸術の領域の外の合理性が、設定された目的とその実現のために可能な手段の組み合わせから計算によって最適な解を導き出すことを意味するのに対し、美的合理性は、その目的も明確に知らず、最適な実現の方法を計算によってあらかじめ知ることもできない。「美的合理性は、目隠しをされたまま造形の現場に飛び込まねば」（175）ならず、「暗闇の中で芸術作品の必然性の軌道を手探り」（ibid.）する。そのプロセスは、鉱山の暗闇の中で「占いの棒を頼りに鉱脈を探すこと」（ibid.）に例えられる。

これは非合理性のように見えるが、そうではない。アドルノによれば、芸術における「技術」とは、意のままにならない事態や偶然に出会いながら（ibid.）、こうでなければならないという「事柄それ自身から客観的に要求されるものにみずからを適合させるという蓄積された能力」（320）である。芸術作品の制作の過程で、この技術が「より厳密な形式を対象に与え、単に図式的にすぎないものの残滓を一掃する」（315）度合いに応じて、作品は「首尾一貫した論理性」（205）を、このようでしかありえないという「必然性」（120）を、主観の意図を越え出た「客観性」（ibid.）を、「単に存在する事物には不可能であるような合目的性」（321）を備える。このような芸術作品特有の首尾一貫性、必然性、客観性、合目的性を実現するという意味で、アドルノは芸術における「技術」を合理的と形容するのである。

ところで先に見たように、このような美的合理性を通してミメーシスが芸術作品として実現するものを、アドルノは「他なるものに触れられる戦慄の経験」と表現していた。こうした経験の基底には自然美の経験がある、とアドルノは考えている。

アドルノによれば、自然美は、しばしばその対立物と捉えられる人間の精神——その所産である社会や歴史や文化——と深くからまりあっている。どんな自然美の経験も、特定の歴史的・文化的な条件のもとで成り立っており、文明に汚されていない純粋な自然の美を言い立てるのは文化産業のイデオロギーである。それにもかかわらず、自然美の経験には、なにがしか人間の精神に内在しないものへの指示が含まれていることもたしかである。

アドルノは、自然美の経験に苦痛の契機があることを強調している（114）。それは、自然美が約束するかにみえるものに対する憧憬であり、また、その約束がなんであるかが分からないままはかなく過ぎ去ってしまうことへの苦悩である。自然美の経験は、慰めをもたらす幸福なのか、戦慄を呼び起こす不吉な予言なのか、判然と区別できない両義的なものであるにもかかわらず、それが約束であると感じさせるようなある種の拘束力をもって訴えかけられる経験である。アドルノによれば、自然美の経験とはじつは、「客観の優位」（111）を精神に対して思い起こさせる「他なるもの」の経験、つまり、精神がかつてそこから抜け出すために抑圧し、傷つけたもの、精神が克服していると思い込んで忘却している自分自身の自然性の、無意志的な想起である。「世の成り行きにおいて、他なるものの痕跡はすべてかくも脆《もろ》く毀損し、すべての幸福はその撤回可能性によってかくも歪められている。しかし、この世に存在するものの只中に、同一性を虚偽だと証し立てる幾多の裂け目があり、そこに繰り返し反故にされてきたあの他なるものの約束が散りばめられているのだ」(GS 6, 396)。「自然美とは、普遍的な同一性という呪縛に捕らえられた事物において経験される非同一的なものの痕跡である」(114)。しかし、その約束がつねにとり逃されてしまうために、自然美の経験は、苦痛、後ろめたさ、「恥じらい」(115) と結びついている。

芸術とは、自然美の経験においてとり逃されるもの、自然が沈黙のなかで語るものを模倣し、人間の言語で語りなおしとどめておこうとする営みである。芸術は、「自然が約束するものを引き受け」、「その約束を果たそうとする」(103)。芸術が真理と関わる資格をもつのは、自然美のうちで経験される「逃れて消えていくもの、脆く毀損しているもの」(119) にみずからをつなぎとめようと求めるからである。アドルノが、自然美の経験は芸術の経験の「基層」(99) であるとか、芸術は「自然を模倣するのでなく、自然美を模倣する」(111) と言うのはこういう意味である。これは、いわばミメーシスの能力を用いた精神の自己反省であり、犯した罪を償おうとする衝動である。しかしそれは、アドルノによれば、芸術が自然に近づこうとするのでなく、自然から離れていくこと、芸術が合理化の道行きを歩み抜くこと、作品を自然に反する人工物として構成し抜くことによってしか果たされない。「芸術は、他ならぬみずからの進行する精神化をとおして、つまり自然との分離をとおして、みずからが苦しみ、そこから息を吹き込まれてもいるこの分離を撤回したいと願っている」(141)。その歩みの果てに、「作品において目を開く主観のうちで自然は自己に目覚め、歴史的精神そのものが自然の覚醒に関与する」(310) ことがあるかもしれない。芸術のミメーシス的衝動はこうした願いに向けられている。

4　芸術作品の真理内実

アドルノは、芸術が仮象であること、つまり「見せかけにすぎないもの」であることは本質的であるとしながら、他方で芸術は真理にかかわるものだと言っている。「芸術のもつ仮象性格は、同時に、芸術による真理の分有《メテクシス》である」(166)。こうした芸術の二重性格と深く関連しているのが、芸術作品の「理解」とは何かという問いである。

芸術作品の「合理的」な制作過程は、全体を明確に分節化しつつ統合するということであり、その結果、芸術作品は言語に似た性格をもつ、とアドルノは述べる。「ミメーシス的衝動は、芸術として客観化されることを通して言語となる。(…)芸術作品は、その構成要素間の結合が生成することにおいて言語に似たものに、——文学作品においてでさえ——言葉なき文《シンタクス》になる」(274)。通常の意味での言葉ではないが、明確に分節され統合された構造と意味をもつ比喩的な意味での「文」となることによって、芸術作品は「認識の一形態」(86)となる。しかしその言語は、明確さを備えながらも、概念や記号的意味作用による伝達ではない言語、「述定」することのない言語である(105, 121)。それは、旧約聖書ダニエル書五章のバビロンの王宮の壁に書き記される文字にも似た(125)、「意味を覆い隠された文字」(122)、一種の「謎かけ」である。「謎かけ」であることは、すべての芸術作品がもつ本質的な性質である。「すべての芸術作品は、そして芸術は総じて、謎かけである。(…)芸術作品が何事かを語りながら、同時に語ったことを匿《かく》すという事態は、芸術作品の謎かけという性格を言語的側面から説明している」(182f.)。しかも、合理性を従えたミメーシスが、作品をくまなく形成していくほどに、その性格を濃くしていく。「作品が謎かけという性格をもつ条件は、作品の非合理性というより、むしろ作品の合理性である。作品が計画的に支配されればされるほど、謎かけの性格はそれだけいっそうはっきりと浮彫りにされる」（182）。

しかし、芸術作品を経験すること、作品に心揺り動かされるという経験の中には、常にその謎かけを超えたもの、謎が隠しているもの、自足する作品のなかに作品それ自身を超えゆくものをも経験するということを含んでいる。それは、アドルノによれば、作品の「客観的な」理解を、あるいは作品がもつ特異な客観性の理解を要求されるという経験でもある。その理解は、主観的な体験の投影から出発し循環的に進んでいくような解釈学的な理解のモデルとも、作品の成立に寄与した他の芸術家や作品からの影響関係を解明することで客観性を確保しようとする立場とも異なる、「芸術作品それ自体の客観性によって厳密に規定された認識」（513）であるような理解である。

芸術作品は制作の過程を経て完成するが、しかしその完成した芸術作品もまた、生成としての本質を持っているとアドルノは言う。その生成の舞台となるのが、作品の解釈や批評という営みである。アドルノにとって、解釈や批評は、完成して本質的には不変となった芸術作品についての事後的評価にすぎないものではなく、芸術作品が芸術作品として存立するために欠かせない本質的な過程である。「作品は、生成としての過程が結晶する場としての諸形式、つまり解釈、注釈、批評に依拠している。解釈、注釈、批評は、作品と取り組む人々によって作品に外部から加えられるだけのものなのではなく、作品それ自体の歴史的運動の舞台であって、それゆえに、固有の権利を持った諸形式である」（289）。

アドルノの言う芸術作品の客観的な理解は、まず、作品内部の合理性についての分析を前提とする。これは、音楽における楽曲分析《アナリーゼ》や、詩作品に対する文献学的注解のように、徹底的に作品の内部に沈潜し、事象に忠実に、細部と細部、細部と全体の合理的な連関を、つまり作品の言語構造を――これが美的な「仮象」のいわば物質的な成立基盤である――くまなく探求しようとする学問的な解釈である。しかしここにとどまれば、作品の理解は、衒学的なもの、「美食家的」（516）なものになる。なぜなら、このような解釈は、成立した「仮象」がどのようにして「真理」であるのかを問うことはできないからである。「その最高の高みにおいてさえ、芸術は仮象である。しかしこの仮象という抗しがたいものを芸術は、仮象なきものから受け取っているのだ。（…）仮象のうちには仮象なきものが約束されている」（GS 6, 396f）。

この「仮象なきもの」を、アドルノは芸術作品の「真理内実」と呼ぶ。これは、芸術家の意図やメッセージの正しさのことではない。真理内実は、あくまでも芸術作品の客観性から、その作品を構成している諸要素どうしの連関から、作品の自律性と完結性の仮象を乗り越えるものとして現れてこなければならない。アドルノにとって、徹底した内在的解釈による作品の諸契機の連関の解明を踏み台に、同時にその連関の構造に逆らうようにして、思いもかけない諸契機の布置連関を読み解くことで、作品の真理内実へと歩みを進めるという任務を担うものが、哲学的批評である。「批評は、芸術作品におけるさまざまな布置連関から芸術作品の精神を読み取り、その布置連関をなす契機を相互に、またそのうちに現象する精神と対決させる。このことによって批評は、美的な布置連関の彼方にある精神の真理性へと向かう。それゆえに批評は作品にとって必須である。批評は、作品の精神に即して作品の真理内実を認識する。あるいは作品の真理内実を作品の精神から切り離して取り出す」（137）。アドルノにとって、芸術家はおろか、完成した芸術作品自身も気づいていない、そのような作品の真理内実を明らかにするもの、作品の「謎かけ」に対して作品に即するとともに抗うことで答えを与えるもの、作品をして作品自身を乗り越えさせるもの、これが哲学的批評である。先に述べた芸術作品の客観的な理解、芸術作品がもつ特異な客観性の理解とは、このような哲学的批評による真理内実の認識を指している。

アドルノが『ヴァーグナー試論』や『新音楽の哲学』といった著作で実践してみせたもの、またアドルノがその実践の手本としたベンヤミンの『ゲーテの「親和力」』や『ドイツ悲劇の根源』が、ここで言われている哲学的批評の範例である。このような哲学的批評が、芸術作品の真理内実を、作品の美的な仮象と不可分に結びついていた真理の契機を明らかにする。アドルノによれば、ここにおいて芸術と哲学が、一致するわけではないにしても、収斂する。「作品の真理内実は、哲学を必要としている。作品の真理内実においてはじめて、哲学が芸術と収斂する。あるいは哲学が芸術のなかで消失する」（507）。哲学と芸術が収斂するその地点を理論的に確定することが、美学の課題であろう。「全ての美学的問いは、最終的には芸術作品の真理内実への問い、すなわち、〈ある作品がその特殊な形態のうちに客観的に精神として内に孕むものは真理であるのか〉という問いにたどり着く」（498）。『美の理論』は、アドルノが個別の芸術作品について実践した数多くの哲学的批評の方法と概念を徹底して吟味し、集大成する試みだったと言えるだろう。

真理内実は、個々の作品の具体的な事象内実に即してのみ、またそれを扱う哲学的批評の厳密な構成においてのみ、仮象のうちに安らっている作品が自分自身を乗り越えていく契機として、明らかにされうる。「芸術作品は自足的なものであるにもかかわらず、また徹底的に自足的なものであることを通じて、芸術作品の呪縛の圏外にある他なるものを目指す。これによって、芸術作品は、みずからに特有の規定である自己自身との同一性を乗り越えていく」（197）。そのような契機においてのみ、作品は、芸術の外部たる現実についての真理ともなりうる。「芸術作品の真理内実において、芸術作品の内在的な整合性と、それがもつ美的な次元を超えた真理が収斂する」（420）。そのような芸術の真理内実において示されるのは、「芸術が、モナド的な本質を持つにもかかわらず、しかもそうした本質のゆえに、どれほど精神の運動における契機であり、社会的な現実の運動における契機であるか」(289) ということである。

そうであるからこそ芸術は、人間が、現実の社会の只中で、現実であるかぎり終わることのない欠乏、困窮、苦しみがない状態を思い描き、また欲するきっかけになりうる。[11] アドルノが、ヘーゲルの言葉を借りて「芸術とは窮乏の意識である」(309) と言うとき、それは人間が芸術によってみずからの窮乏に気がつき、同時にそれを乗り越えようとするということを意味している。それは芸術が、現実から目をそむけた絵空事ではなく、唯物論的な根拠をもっているということである。アドルノの美学において、唯物論的なモチーフと形而上学的なモチーフが収束するのはこの点である。芸術は、宥和なき現実の社会の経験の否定的な表現として、宥和の希望の暗号でありうる。アドルノは、芸術作品の経験の本質について、次のように表現している。「芸術作品の経験が究極的に収束していくその消失点は、芸術作品の真理内実は空疎ではないという経験である。すべての芸術作品は、いわんや留保なき否定性に貫かれた芸術作品は、言葉なく次のことを告げている。ワガ望ミ空シカラマジ (non confundar)、と」(199)。この古くからの祈りの言葉に込められているのは、正しくない状態、間違った状態、苦悩の中に置かれることがないように、という強い希求である。芸術作品の経験とは、芸術作品がわれわれにいわば投げ返してくるこうした希求に打たれることであろう。[12]

〈補論〉　救出のパースペクティヴ——ベンヤミンの異議

芸術作品の真理内実をめざす哲学的批評は、それ自体特定の歴史的状況の中で営まれるが、そのパースペクティヴこそが作品の真理内実をあらたに浮かび上がらせる、と言うことができるだろう。批評や解釈は「作品それ自体の歴史的運動の舞台」であるとアドルノが言うとき、そのようなことが念頭に置かれているはずである。それは作品解釈の歴史主義的な相対性を意味するのではない。哲学的批評であるということは、そのような相対性を乗り越えた客観的な認識をめざす営みである。しかしそれは同時に、普遍には包摂されない個体的なものの救出を目指すものでもある。芸術作品が時と場所を超えて人の心を深く打つ、あるいは、その時その人において芸術作品が新たな姿で現れる、その一回一回のかけがえなさの尊重であるとも言ってもよい。

真理内実は徹頭徹尾歴史的であるということを、アドルノは何度も強調している。だがその意味を説明しようとして次のようにアドルノが言うとき、そこに別の消息が漏れてきてはいないだろうか。「芸術作品の等級《ランク》は、最終的にその真理内実に依存しているが、こうした真理内実はその最奥部にいたるまで歴史的なものである。（…）真理内実が歴史的なものになるのは、作品において正しい意識が客観化されることによってである」(285)。正しい意識とは、アドルノによれば、「ありうるかもしれない宥和を展望しながらさまざまな矛盾について見据える最も進歩した意識」(ibid.) のことで、さまざまな矛盾について見据える進歩的な意識とは、そのつどの歴史的状況において社会と芸術の双方に存在する矛盾についての批判的な意識であり、その意識の進歩の度合いを測る基準は「作品における生産力の水準」(ibid.) だとされる。したがって、芸術作品の真理内実とは、「そのつどの所与の芸術の状況と芸術外部の状況に対する生産的な批判を含む、最も進歩的な意識が具現化したもの」(ibid.) であることになる。

こうした理解には何かしら平準化の気味がある。真理内実とは、作品が芸術表現として芸術と社会の双方の矛盾に対して正しく批判的に反応していることの、要するに正しい進歩的意識の表現となっている証であり、その程度に応じて作品の等級が決まる、と言われているかのようである。アドルノは、ベートーヴェンとバッハはどちらが等級が上かという問いは無益であるとして退けながらも、「しかし、主観の成熟を、神話からの解放とそれとの宥和を語る声となっている点、つまり真理内実については、ベートーヴェンの方がバッハよりもはるかに進んでいると言った洞察は無益ではない」(316)と判定を下す。

このような観点で作品や芸術家を評価することはもちろん可能だろう。しかし、哲学的批評が目標とする真理内実の救出はそのようなものに尽きるのだろうか。アドルノ自身、「諸々の芸術作品は、それらがもつ質ゆえに互いに区別しあうが、同時にそれだけいっそう比較不可能である」(313)と言っているではないか。進歩的でないとされた芸術作品にも、等級が低いとされ見向きもされなかった作品にも、歴史の中で思わぬ解釈の光が当てられ、その真理内実が明らかになることがあるのではないか。

冒頭で触れた一九三七年末から翌年初頭にかけてのサンレモにおけるアドルノとベンヤミンの会話では、まさにそうした問題が取り上げられたのである。一九三八年六月一九日付けのアドルノ宛ての手紙で、ベンヤミンは、後に『ヴァーグナー試論』として公刊されるアドルノのヴァーグナー論の原稿を読み終えたことを知らせている。二人の「基本路線」が確認できたことの喜びを伝えつつ、感想を伝える中で、ベンヤミンは、半年前のサンレモ近郊の「オスペダレッティのテラスでの会話の折りに、ぼくたちのあいだに根を下ろして、その後も亡霊のように存在しつづけている問題」、つまり哲学的批評による作品の「救出」というテーマについて触れている。ベンヤミンは、アドルノがヴァーグナーの「救出」を、全体として進歩と退歩という観点で遂行している点を問題視している。「救出の歴史哲学的なパースペクティヴは、進歩と退歩という批判的なパースペクティヴとは明らかに相容れない、とぼくにはどうしても思えます。より正確に言えば、それらが両立するのは、ぼくたちが『進歩』なる題目で話し合ったことのある、特定の哲学的な関連のなかでだけです。進歩的なもの・退行的なものというカテゴリーが、あなたの論文の中心部分で使われることを疑問視しているというわけでは決してありません。しかし、それらのカテゴリーを無造作に使用することとは、ヴァーグナー救出への手がかりを（…）きわめて問題含みのものにしてしまいます。（…）救出において決定的な役割を果たすものは、進歩的なものではけっしてない。そうでしょう？ それは、カール・クラウスが根源と呼んでいる目標と同じように、退行的なものに似ていることもありうるのです」[13]。真理内実の救出は、「歴史を逆撫でにする」[14]ようなパースペクティブにおいて遂行されるはずだ。おそらくベンヤミンはそのように考えている。

注

1　Theodor W. Adorno, Walter Benjamin, *Briefwechsel 1928-1940*（以下 *Briefwechsel*）, Suhrkamp, 1994, S.324

2　Walter Benjamin, *Gesammelte Briefe*（以下 BGB）Bd. VI, Suhrkamp, 2000, S.9

3　ibid.

4　*Briefwechsel*, S.324（傍点筆者）アドルノは一九六七年一二月二日、ショーレムの七〇歳の誕生日を祝した文章を「新チューリヒ新聞」に寄稿した際、約三〇年前に自分が書いたこの手紙のこの箇所を長々と引用している。Theodor W. Adorno, Gruß an Gershom G. Scholem Zum 70. Geburtstag: 5. Dezember 1967, in: *Gesammelte Schriften*, Bd. 20/2, S.478-486.（以下では、アドルノ全集からの引用箇所は、本文中の括弧内においてGSという略記号の後に、巻数、頁数をアラビア数字で示す。ただし全集第七巻『美の理論』（GS7）からの引用は数が多いため、煩雑になることを避けるため括弧の中に頁数のみを記す。）

5　ショーレムはベンヤミン宛ての一九三一年三月三〇日付けの手紙で、ベンヤミンが「唯物論的な方法」を採用していることを厳しい口調で咎めている（BGB, Bd. IV, S.26-30）。

6　ショーレムは、ベンヤミン本来の神学的・形而上学的な思考方法と、彼が新規に採用した唯物論的な思考方法のあいだには「唖然とするほどの疎遠さ」があると批判している（ibid.）。

7 アドルノが手紙中で述べている「吸取紙の比喩」というのは、ベンヤミンがパサージュ論の覚え書【N7a,7】で書き留めているものである。「私の思考と神学との関係は、ちょうど吸取紙とインクの関係である。私の思考は神学にすっかり浸されている。もし吸取紙の思いどおりに行くなら、書かれたものは何一つ残らないであろうに」（Walter Benjamin, *Gesammelte Schriften*（以下 BGS), Bd. V-1, Suhrkamp, S.588）。これは、神学をみずからのうちにすっかり吸収しつつ、外に現れる表現としては神学的でないという思考のスタイルを言ったものであり、アドルノがここで述べている文脈に合致する。

8 正確にはこの「基本路線」はサンレモにおいて最終確認されたと言うべきなのかもしれない。これに類する見解をアドルノは以前にもベンヤミンに伝えているからである。一九三四年一二月一七日付けの手紙では「裏返しの神学」という表現が使われている。「しかしまた同時に、そして根本的な意味において、〈神学〉への姿勢でも私たちは一致しています。…私たちの思考がそこへ溶け込んで姿を隠して行けばいいと私が望んでいる神学のイメージ……この神学は〈裏返しの神学〉と言ってもよいものでしょう」（*Briefwechsel*, S.90）。

9 これはホルクハイマーの言葉である（マーティン・ジェイ、『弁証法的想像力』、みすず書房、一九七五年、ii頁）。これに類するアドルノの言葉として、「運命と力が最後の決定権を持ってほしくないという唯一の希望」（GS 10/1, 71）という一節がある。

10 Albrecht Wellmer, Wahrheit, Schein, Versöhnung. Adornos ästhetische Rettung der Modernität, in: *Zur Dialektik von Moderne und Postmoderne*, Suhrkamp, 1985, S.17f

11 Rolf Tiedemann, *Mythos und Utopie: Aspekte der Adornoschen Philosophie*, edition text + kritik, 2009, S.118

12 non confundar という文句は、ウルガタ（ラテン語）訳聖書の詩編を通じて多く出現するほか、四、五世紀ごろ成立したとみられる賛歌「テ・デウム」の末尾にも使われており、この部分は詩編三一章二節（ウルガタ訳聖書では三〇章二節）の引用とされている（上智大学編『カトリック大辞典』第三巻、冨山房、一九五二年）。アドルノがラテン語で引いていることからすると、よく知られた「テ・デウム」の詩句からの引用と考えられるが、確証はない。confundar は「混ぜる、混乱させる、だめにする」といった意味の動詞 confundo の受動相未来形直説法一人称単数の形で、non confundar は「私がだめにさせられないように」と直訳でき、「テ・デウム」の末尾の詩句 In te, Domine, speravi: non confundar in aeternum は「神よ、私はあなたに望んだ。私が永遠にだめにさせられないように」と直訳できる。この部分を、第二バチカン公会議以前の日本のカトリック教会の祈祷書は、「主よ、われ御身に依り頼みたり、わが望みはとこしえに空しからまじ」と訳している（天主公教会編『公教会祈禱文』光明社、一九四八年）。ヘブライ語聖書では、詩編三一章二節の confundar にあたる箇所は בוש（ボーシュ「恥をかく」）という動詞の一人称願望形が使われいて、邦訳聖書では「恥に落とすことなく」（新共同訳）、「わたしが恥を受けないように」（フランシスコ会訳）などと訳されている。旧約聖書の世界において、恥の感情は「支え、希望、信頼に満ちた信仰などの反対語」であり、「苦しみを受けていること」と結びつけられていることから（レオン＝デュフール他編『聖書思想事典 新版』三省堂、一九九九年）、「恥を受けないように」という祈りは、「私が望みを失い、苦しみ、破滅することのないように」という意味であると解釈できる。アドルノはこの non confundar という祈りの文句を、しばしば芸術経験に関連させて用いており、その顕著な例が一九三二年ごろ書かれたオペラ劇場についての歴史哲学的エッセイ「劇場の自然史」の最終章「丸天井」に見られる。「実際、丸天井の高みにおいて、悲しみは慰めに変化する。被造物の声は、歌として立ち昇ってから粉々になることなく、谺《こだま》となってその声を発した者の耳に戻ってくる。その声は閉じ込められてはいるが、しかし、こうして歌うことのできる被造物が救われんことを、という願いを響かせている。だから、たしかに丸天井の存在によって閉鎖的となった今日の劇場は、救いようのない内在であって、開放的な古代劇場の祭式執行からきわめて明確に区別されるが、しかし、丸天井には、同時に次のような約束も、つまり、此の世で生じることは忘却されることなく、拾い上げられ、いつか、ごくわずか変音されて、この有限な丸い宇宙の中で響く谺となって我々を出迎えるだろうという約束も、含まれている。我ガ望ミ空シカラマジ《ノーン・コーンフンダル》。これこそ、陰鬱で罪に塗れた不純な歌に丸天井が返し与える清明な共鳴である」（GS 16, 320. 西村誠訳、一部修正・傍点筆者）。「劇場の自然史」の全七章のうち、この最終章だけが当時発表されなかったが、アドルノはこの non confundar という言葉の最初の用例を含むこの最終章の原稿を献辞付きでベンヤミンに贈っている（*Briefwechsel*, S.25, 28）。

13　*Briefwechsel*, S.335-7

14　BGS Bd. I-2, Suhrkamp, 1991, S.697

第二部　モデルネ以降の音楽

第３章　表現から構成への移行
——一九五八／五九年「美学講義」に見るモデルネ芸術のアポリア

伊藤雅俊

1　客観主義美学の鍵概念としての表現と構成

アドルノがモデルネの芸術[1]（moderne Kunst）を理解する際の重要な概念に、表現（Ausdruck）と構成（Konstruktion）がある。彼は一九五八／五九年冬学期の「美学」と題した講義の第六回（五八年一二月四日）において、芸術における自然契機という大きな主題を探求する中で、モデルネの芸術においてその契機が端的に表れているものとして両概念に着目し、それらを、自身にとって最も身近な芸術である音楽をモデルにしつつ、表現主義から構成主義への移行という事態に即して論じている。[2] アドルノによれば、表現主義の試みが挫折したとき、モデルネの芸術において初めて構成という概念が要請される。つまり、表現主義（アドルノがここで念頭に置いているのはシェーンベルク一派の初期の無調音楽）は精神や感情といった芸術家の内面を直接的に、媒介無しに、純粋に表現へともたらすことを追求するが、それを突き詰めればそもそも作品として存立することすら危うくなってしまう。極端にいえば、芸術において鳴らされるなら、たった一音ですら歴史的なプロセスに媒介されており、絶対的な自然として鳴り響くことはできないからである。構成は、表現主義の最も首尾一貫した芸術家たちが内面をそういう絶対の自然、純粋な直接性として客観化することは不可能だと自覚したときに、その解消に向けて、表現主義の展開の帰結として必然的に、取り組むべき課題として浮上するのである。

本論では、この講義の要点をまとめることで、アドルノの表現と構成の概念および両者の関係を明らかにすることを目指したい。[3] 表現から構成への移行の議論は、いくつかの点でアドルノの美学にとって重要である。[4] 一つには、この議論がアドルノの説く客観性の美学に貫かれているということが挙げられる。のちに見ていくように、表現主義は精神や感情といった内なる自然の直接の「記録」を目指すという点で、アドルノにとって客観的な実践と捉えられている。これは表現主義を芸術家の精神や感情の発露という主観的な側面から見ようとする一般的な用語理解とは真逆である。構成についても同じことがいえる。アドルノにとってモデルネの芸術の構成とは、一般に人がこの語から思い浮かべるような、芸術家が手元の素材や形式を自由に使って楽曲や絵画を組み上げるといったことを意味しない。むしろ逆である。芸術家が素材の声に耳を傾け、素材の論理に従うという方に力点があり、表現と同じく客観的な実践と捉えられるのである。むろん表現も構成も、一つの事柄に両側面があるということであるが、アドルノの客観主義美学とは、まさにそのような主観的側面と客観的側面の弁証法的な関係を考察するものだということができるだろう。

二つ目は、この契機が、芸術における自然と芸術の弁証法、すなわち芸術における自然契機の回帰という大きな主題と響き合っていることである。アドルノはこの講義の第三回から、哲学的美学の根幹テーマともいうべき自然美と芸術美との関係を語りはじめ、第四回、第五回を通して芸術と自然の弁証法的関係を語ってきている。ここで取り上げる第六回の「表現から構成への移行」の話題もその延長線上にあり、芸術における自然と芸術の関係という大きな枠組みの中で展開されているものである。アドルノにとって芸術とはそもそも、抑圧された自然に力を貸して自然本来のものを回復させる試みであるが、表現とは第一に、そうした抑圧された自然や苦しみに声を与えること、そうしたものを表現へもたらすことを意味する。だが、他方で構成には、素材支配、自然支配という側面がある。こうして芸術における自然契機をめぐって表現と構成の弁証法的な関係が語られてゆくのである。

最後に、ここで議論の舞台となる表現主義の時代は、アドルノがモデルネの芸術の中で最も肩入れしている時代だということがある。アドルノは批評活動の最初期に当たる二〇年代から力を入れて表現主義芸術を論じてきたばかりか、六〇年代に書かれたいくつかのエッセイの中でも、新芸術[5]（neue Kunst）の英雄時代は一九一〇年前後の数年間である、という主張を繰り返し行っている。[6]一九一〇年前後というのは、ドイツ表現主義の初期にあたり、シェーンベルクおよび彼と師弟関係にあったベルクやヴェーベルンが無調音楽、カンディンスキーが抽象絵画というかたちで表現主義的理念の追求にまさしく最注力した時代であった。一九一〇年頃に行われていた芸術の偉大な実験は二〇年代を通して失われてしまうというのがアドルノの基本見解であるだけに、表現主義から構成主義への移行の契機は彼のモデルネ芸術の理解にとって中心的な問題といえるのである。

2　表現主義の表現理念——内的自然の直接的な記録

それでは表現と構成のうち、まず表現概念から見ていくことにしたい。表現は、むろん一般的な意味においては、古代から現代までのあらゆる芸術作品のさまざまな層において見られるものだが（アドルノによる例：マネの素描における身振り、ベートーヴェンの弦楽四重奏におけるあるフレーズ、そしておそらくヘレニズム期の彫刻におけるある身振りは表現にみちている）、アドルノによって特にモデルネの芸術における特殊な用語として表現主義との関連で用いられるとき、表現とは、啓蒙や合理化の過程を通して抑圧され、傷つけられた自然、人間の苦しみに声を与えるもの、として理解される。アドルノにとってそもそも芸術とは「本質的に、芸術という領域以外では進行する自然支配の、また自然支配によって進んできた合理性の、犠牲になっているさまざまな情動、態度、感情をこそその内容の一部とするような領域」（21）と理解されているが、表現主義の表現とはこのような自然支配の犠牲になっているもの、いわば内なる自然に声を与えて語らしめることをいうのである。[8] それゆえ表現主義の本質は、まずもってそのような抑圧を生み出す「硬化した歴史的、因襲的な諸形式に対する反抗」（97）であると同時に「人間の苦しみの直接性に比べて拘束力をもたないとみなされるようになった、芸術それ自体の硬化した諸形式に対する反抗」（97）にあると説明される。

このように一切の因襲的形式を拒絶する表現主義は、それゆえ、アドルノによれば、表現そのものとその芸術的な現象との間にいかなる形式も媒介させずに、苦しみそれ自体に直接的に語るようにさせ、純粋に表現そのものから美的形式のようなものを獲得する、ということを試みようとする。そうした表現主義の試みをアドルノは次の三文で明快に説明している。

表現主義が意図するのは、一種の表現の調書であることを通して、すなわち、表現が可能なかぎり直接的に、媒介されることなく、純粋に示されることを通して、一つの美的形式を手に入れる、ということです。（…）表現主義の最も真正な記録とは、おそらく、一切の介在物なしに表現を与えるという、そして、外部から持ってこられたカテゴリーなしに表現そのものから形式を形づくるというこうした理想に最も近づいた記録のことです。表現主義とはしたがって、それがさまざまな精神的な情動の調書や筆記録——のちにシュルレアリスムで「自動筆記」と言われる——を目指すという点で、純粋な直接性という理想を追求するものです。(98)

表現主義（Expressionismus）とはそもそも、外観を客観的に描写しようとする一九世紀後半のフランスの印象主義（Impressionismus）の美学と対照的に、二〇世紀初頭のドイツでまず美術を中心に花開いた動向であり、第一次世界大戦へと向かう悲観主義を背景に、芸術家の精神や魂など人間の目に見えない内面感情を表出することに主眼を置いた芸術運動と考えられている（不協和音を用いつつ、人間存在の暗い内面に光を当てようとするシェーンベルクらの初期の無調音楽が、少しあとになって表現主義音楽とみなされるようになった）。ところが、先に触れたように、アドルノは表現主義が内面の表出を企てるからといって、必ずしも主観性のほうに重点を置いた芸術態度であるとはみなしていない。右の引用文中にも、「記録（Dokument）」、精神的な情動の「調書（Protokoll）」や「筆記録（Niederschrift）」としつこくあるように、内的自然をいかに直接的に、客観的に作品として定着させるか、という側面に重点がある。マーティン・

ジェイはこのことを次のように述べて、アドルノの表現主義音楽における客観主義的解釈を説明する。「音楽の表現的な側面よりも、その認識的な側面を強調したアドルノは、表現主義的な無調性を、作曲家の感情的な主観性の所産とは解釈せず、むしろ、彼はこの無調性を、音楽そのもののうちに客観的に内在する諸傾向——錯綜した間接的な仕方によってであれ、社会の趨勢にも関連づけられうるような諸傾向——の発現という観点から理解した」[9]。

このようにアドルノは表現を芸術家の精神的危機や苦悩といった内的自然の記録として、そしてそれゆえに、表現主義を一種の客観性の芸術と捉えている。したがって表現主義の理念とは、このような内なる自然を可能なかぎり直接的に表現へともたらし、純粋な直接性として客観的に示すこと、そして、そのことによって内なる自然を芸術の中で回復させること、と解することができる。

3　表現主義の行き詰まり——純粋な直接性という仮象

このように表現主義は綱領的に、表現を、つまり芸術家の精神や感情といった内なる自然を、できるかぎり直接的に提示する、今この瞬間そのものを鳴り響かせる、ということによって、伝統的な観賞や聴取に慣れた人々の耳目を震撼させようとした。「表現と芸術的な現象の間に、第三のもの、いわば様式原理、緩衝材、オブラートといったものが介在することなく、苦しみそれ自体をいわば直接的に語るようにさせる」(97)というように、表現＝現象であることを理想とし、そうすることによって、抑圧された自然に本来の権利を取り戻させようと試みたのだった。だがそのような試みはかなり早い段階で問題含みのものとなる。その理由をアドルノは大きく二つの点で理解している。

一つ目はモデルネの芸術運動、特に二〇世紀初頭の前衛芸術運動全般についてもいえる問題で、一度到達した地点に長くとどまっていられないということがある。過去の因襲や硬化した形式を首尾一貫して排除しようとする感受性は、物象化に対してきわめて敏感になっている。「繰り返しを放棄し、自らを修正し続けなければならないこの種の感受性にとっては、表現の純粋点にとどまっていることの不可能性が、非常に急速に、非常に早い段階で、すでに示された」(99) とアドルノは言う。表現＝現象であること、直接的な純粋性を追求する表現主義にとっては、この問題が他のどんな芸術理念にもまして、とりわけ速く、早くに表れるというのである。その具体的な理由をアドルノはこう説明する。

> 純粋な「これ」、すなわち純粋な存在、純粋な表現を、いわば絶対音を、絶対的な自然として与えようとする芸術、こうした芸術は、ほとんど文字通りの意味で、いってみれば沈黙の敷居に近づきます。そのような芸術は時間においても空間においても展開されえず、そもそも客観化されえないのです。できるとすれば完全に首尾一貫したダダイズムがその名において表明することだけ、すなわち「ダー」(そこ) ということ、息を吐くことぐらいです。(99)

二つ目の問題は、表現のゼロ地点にとどまっていられないという一つ目の問題にも深く関連しつつ、芸術家の側からみた根深いアポリアを表している。それはつまり、アドルノによれば、表現主義の最も首尾一貫した完璧な芸術家たちが、「表現主義において追求するこうした絶対の直接性は一種の仮象である、ということを経験した」(100) ということである。絶対的な直接性などというものは見せかけであり、実際にはつねにすでに媒介されているということを芸術家たちが自覚したというのだ。アドルノはこの問題を次の三つの点において観察する。一つは彼が『新音楽の哲学』（一九四九年）の中で論じた「孤独の弁証法」に関するものである。「孤独の弁証法」とは孤独と全体性との弁証法とでもいうべきものである。すなわち、後期市民社会の段階においては全員が孤独になっているわけだが、ここで絶対の直接性とみなされていた、「個々の人間がそれぞれ自分一人であるということ」は実際にはそれ自体すでに媒介された何かなのであり、そこにはすでに原子化へと駆り立ててゆく全体性の法則が潜んでいるのだ、という。

第二は、因襲に敵対する芸術が、まさに表現主義が排除しようとしていた「様式原理」のような何かを必然的に自らのうちに含んでしまうという問題である。ここでアドルノはドイツ表現主義の詩人ゲオルク・ハイムやゲオルク・トラークルの色彩の象徴性を例に挙げながらこう言っている。「表現が芸術になる、つまり表現が、実際に、単に直接的な生きた音であるのみならず、何らかの仕方で客観性を求めるとき、それが可能になるのは、決まった色彩、決まった身振り、決まった配置が、ある一つの決して他のものではない表現の担い手であるという了解に基づく、一つの言語が彫琢され、積み重なることを通してのみである、ということです」（100－101）。つまりどんな表現であれそうだが、それがとりわけ因襲に敵対する芸術の場合、それが表現すべきものを空虚で散漫としたものにしないためにそうした象徴性が一貫して用いられる、まさにそれゆえに必然的に何か「様式原理」のようなものが前提されるしかない、というのである。因襲に敵対する芸術が、おのずから必然的に、ある種の因襲のような何かを生み出してしまうのである。

第三は、第二の問題に関連し、表現主義の偉大な芸術家たちが美的な偶然性の契機を経験したということである。つまり、右の引用とつなげて読むことができるのだが、「こうした純粋な表現言語が、まさにそれゆえに、これこれの身振り、色彩、音の連なりがこれこれのことを意味するべきだといった合意を意味するのと同様、それ自体またつねに恣意性の契機を持っているがゆえに、ある仕方においては他のものでもありうるということです」(101)。

以上をまとめるならば、表現主義の表現理念が失敗に終わる、それはついには理念でしかないのだ、というとき、いずれにしても問題となるのは、表現主義が追求する「絶対の直接性」だということになる。すなわち、一方でそれは客観化されえず、他方では最も首尾一貫した芸術家たちがそれを仮象であるとはっきり悟ってしまったということなのである。

４　構成——主観的なもののそれ自身からの客観化

アドルノは表現主義の表現理念とその行き詰まりを以上のように描出した後、構成という概念を次のように導き入れる。「私がここで表現主義の内的な問題あるいは弁証法から示そうと試みた、こうした状況こそがまさに、モデルネの芸術全体にとって構成の概念が始まるところ、つまり構成が要請される地点なのです」(101－102)。端的にいえば、構成とは、表現主義が純粋な直接性を追求すべく伝統的な諸形式を撤廃し去ったあとで、そうした諸形式に代わって作品に統一性を与えるための構築システムのことである。一度は寸断されてしまった有機性を作品に取り戻すことがどうしても必要だったのである。そうした点で表現主義の挫折と構成概念の焦点化は地続きである。そして、そのような推移として表現と構成の関係を考えるならば、構成が表現主義から何を引き継いだのかということと、何が異なるのかということが問題になってこよう。

先の導入に続いてアドルノは、構成という概念についてまっさきにこう釘をさしている。「構成とは、私がこの言葉を用いる非常に厳密な意味において、因襲的、小市民的な形式という見解とは相いれません」

（102）。まずこれが明らかにするのは表現との連続性である。つまり構成は、人為的なものの染み付いた「形式」というカテゴリーをはっきり拒絶するという点を、表現主義の表現理念から受け継いでいる。形式が所与でないから構成が必然的に要請されてくるのである。それでは、表現主義の問題（純粋な直接性という仮象）を克服するために構成は何を問題にせねばならないのか。それは何よりも、素材（Material）にどう対峙するか、ということであろう。

何かを組み合わせて形づくるという言葉の意味からして、構成は、表現概念とは異なり、素材との取り組みを前提とする。ここで素材とは、芸術作品を客観的に実在させるために芸術家が制御し対峙するあらゆるものをいう。[10] そして、素材に対峙するのは主観（芸術家）だから、構成する際には素材を支配することになるが、アドルノは、構成主義において焦点化される構成のあり方を素材支配に対する二つの態度の違いによって説明する。

> 拘束への回帰、様式意志、その他それに類するものを通して、素材に対して加えられる、素材の論理からほど遠い支配ではなく、事柄（Sache）それ自体から——お望みならば、それどころか、素材の論理それ自体から——次第に生じてくる分節化が重要なのです。（102－103）

形式や様式といった、いわば人為的に制度化されたものを通して上から素材を支配（Herrschaft）するのではなく、事柄や素材の論理に即して素材を分節化（Artikulation）しなければならないというのである。いってみれば、事柄や素材本来の自然を明瞭化する、ということが、アドルノのいう構成の第一条件である。寄りかかるべき形式が撤廃されているとき、事柄や素材の声に耳を傾けることが構成へ至る道となる、ということである。ただし、以下の引用の挿入部分で言われているように、そのように素材に寄り添って構成へと至らしめるのは、徹頭徹尾、主観が関与することによってである、ということを忘れてはならない。

構成の概念は、実際にそうであるにせよいつも単に勘違いされているだけにせよ、芸術家たちにあらかじめ与えられていたさまざまな形式によってかつては保証されていた客観性を、よそから何かを借り入れることなく、事柄から純粋に、事柄の要請から純粋に——ただし組織化しようという芸術的意識の努力の全てを傾けることを通して——取り出そうとする努力にほかならないのです。（103）

この「組織化する（organisieren）」ということが構成の第二の用件となる。つまり、構成とは、主観が、表現主義によって純化された素材に対峙し、その要求に沿って artikulieren しその自然本性を浮かび上がらせ、それを organisieren すること、と定義することができる。よそからいかなる形式も借り入れない、ということはつまり、素材自身の内側から客観的な構成原理に至らなければならないということを意味している。そして、ここまでの表現と構成の概念についての議論を踏まえるならば、講義録の巻末に付された、アドルノが講義に際して用意したメモにある次の一文も理解できるようになる。すなわち、「構成とは、借り入れなく、主観的なことを自分自身から客観化することである」（360）。

だが、ここまでの構成の議論は、構成主義へと移行するためのいまだ一つの側面でしかない。つまり表現主義が素材を因襲的なあらゆる束縛から解放したというのは、構成主義へと至る前提条件のうちの一つである。表現主義が素材を浄化した結果、素材は今や、直接的に、主観の意のままになるものとなっている。この「主観の意のままになる」というのが、表現主義がもたらしたもう一つの成果である。すなわち、表現主義は「素材の解放（純粋化）」をすることによって、それと同時に「主観の解放」を成し遂げた。このことによってようやく純粋な構成が可能になるのである。

5　表現と構成の弁証法

表現と構成の関係は、むろん、表現主義から構成主義へと移っていくという歴史的な事態に対応するものである。しかしながら両者の関係を、ただ一方から他方への移行という観点からのみ捉えるのでは不十分である。両概念は互いに深く媒介し合っており、弁証法的な関係にあるからである。

ここまで見てきたように、アドルノによれば、表現主義は抑圧されたものや苦しみという内的自然を表現へともたらし、純粋に直接的に記録しようとする。すなわち表現主義とは、抑圧された自然に本来の権利を取り戻させようとする試みである。それに対して構成とは、これもすでに確認したことながら、第一に主観が素材に身を委ね、素材の声に耳を貸すことであり、そのかぎりで受動的・客観的な営みであるが、さらにそれを組織化して作品の形にするのであり、人工的な素材支配、すなわち自然支配を避けることはできない。このように表現と構成は、それぞれ自然に由来するもの（ピュセイ）と人工に由来するもの（テセイ）という構造に貫かれている。

最も首尾一貫した表現主義の仕事は、このような両極の間の緊張状態のうちに置かれている。今一度振り返るなら、表現主義は一方で素材を純粋化した。すなわち、素材に貼りついていた因襲的な意味や様式を浄化した。だが他方で表現主義は、まさにそのことによって主観を解放した。すなわち、これまではそうした因襲的意味や様式が素材のうちに前もって形成されていたがゆえに、主観はそれを主権的に、自由に扱えなかったのである。主観は、素材の解放、そして主観の解放によって、抑圧された自然という事柄の代理を務めることができるようになった。しかしながら、まさにそのことによって主観は、同時に自然支配の力を強めることができるようにもなった。自然の代理をしつつもますます主権的に自然を支配できるようなったのである（「芸術において弁証法的に、支配されると同時に回復しもする自然」（107））[11]。これこそが、表現と構成の関係における弁証法的ポイントである。

主観はこうした事柄の代理をすることによって、まさにこうして自然との関係を追求することによって、芸術をいわば直接自然へと、すなわち主観の自然へと至らしめることによって、自らの素材に対して主権をもつようになり、そしてまた、こうした主権を通して、つまり他律的なものの取り壊し、主観の妨げとなるあらゆるものの取り壊しを通して、いわば自由を、あるいは新しい能力を獲得しました。すなわち、自然支配――これは諸芸術作品が確かに表している力の平行四辺形の内の素材に対置される契機ですが――こうした対置関係にある契機を、主観が自らの素材を純粋な音、純粋な色、純粋な表現価値へと還元することによっていっそう強調する能力です。（105）

力の平行四辺形の一つの辺である素材の解放と、いま一つの辺である主観の解放が、互いに関連し合いながらそれぞれに進められることによって（つまり、表現主義が素材を磨き抜くことによってそれを自然へと至らしめる、それによってまた同時に、主観はそうした純化された素材、すなわち自然契機を、主権的に、意のままに扱うことができるようになる、そのことによって）、主観は抑圧された自然の代理を務めながらも、同時に自然支配（構成）する能力をいっそう強めていくのである。

アドルノが、単に表現から構成への「移行（Übergang）」というだけではなく、ある箇所では「表現の構成への弁証法的な転換（Umschlag）」（110）という言葉を使っているのも、表現と構成とのこうした関係に拠るものなのである。

6　構成の限界

アドルノは表現から構成への移行の契機を集中的に論じた講義の次の回、すなわち第七回目の講義（五八年一二月九日）で、構成主義以降の芸術の展開を見渡しつつ、現代芸術が陥っている「意味の危機」という状況について語っている。『美的理論』でも論じられているこの問題をここで詳しく考察する余裕はないが、この問題に関連して「構成の限界」について述べている箇所には、本論の最後に触れておかねばならないだろう。

やはりここでもアドルノがモデルにしている音楽を想定することになろうが、表現主義の問題の克服のために要請された構成は、アドルノによれば、それはそれでまた別の限界に行きついてしまう。その議論を簡略にまとめるなら以下のようになる。

すなわち、かつて芸術は、例えばロマン主義の時代には、作品の中でどのように意味を実現させることができるのか？　という問いに対峙してきた。ところがこの問いは、表現主義と構成主義による素材の純粋化（素材から意味性をもったあらゆる所与のカテゴリーを浄化した）を経た後ではもはや有効ではない。構成主義以降の問いは、その反対で、素材のプロセスがいかに再び意味に満ちたものになりうるか？　というものでなければならない。いまや芸術は自分が何を語るべきかを知らず、素材のプロセスの中に自分が語る意味を求めなければならない、という不条理に巻き込まれている。構成主義者たちはこうした状況に対して、いわば素材に語らせようと、素材に完全に身を委ねようとする。素材を純化することによって、自然に直接語らせようとする。ところが、自然は語り出さない。なぜならこうした素材は決して自然素材ではなく、それ自体また歴史的な刻印を帯びているからである。ここに純粋な構成の試み——完全に素材に身を委ねることを通じて、素材に意味を吹き込むという試み——の限界がある。

芸術が意味の危機に陥ったとき構成の限界が浮き彫りになる、ということが述べられているわけだが、ここでアドルノが、シェーンベルクらの「自由な無調」による作品（表現主義）を高く評価する一方で、十二音技法による作品（構成主義）をそれほど肯定的に見ていなかったということを思い返してみるべきだろう。一例として、六二年のエッセイ「あの二〇年代」では、十二音技法はまさに、「素材が革新的に磨き抜かれ」（素材の純化）、「作曲する主観は束縛から解き放たれて」（主観の解放）いるにもかかわらず、「純粋に事柄それ自体から生み出されたのではない」「疑わしい秩序要求によって縛られて」[12]いるとして批判されている。この秩序は、調性というシステムから解放され、不協和音によって傷ついた精神や苦悩にできるかぎり直接的に表現を与えようとした初期の無調音楽の自由で混沌とした原理とは根本的に異なり、主観を「縛る」ものでもあるのである。こうしたことを考えるなら、まだ十二音技法へと移行する前の、きわめてラディカルな表現主義の芸術家たちによる純粋な「ダー」の乗り越えにこそ価値があったという、アドルノの以下の主張は際立って見えてくる。本章第３節の引用の「息を吐くことぐらいです」に続く一文である。

というのも、「ダー」を超え出るあらゆるものは、こうした純粋音に即せば裏切りのような何かであり、それゆえに——完全に沈黙するのを望まないならば——この純粋な「ダー」を凌駕していく要求が生じ、この要求は、例えばアントン・フォン・ヴェーベルンのようなきわめてラディカルな表現主義の芸術家のもとで、すでにほぼ一九一二年という早い時期に見られたし、おそらくは――慎重にいいたいのですが――いわゆる総合的キュビスムの衝動のうちの一つもそこに数え入れられるものだったのでしょう。(99-100)

ヴェーベルンの一九一二年前後の作品といえば『弦楽四重奏のための六つのバガテル』(作品九、一九一三年)や『管弦楽曲のための五つの小品』(作品一〇、一九一一―一三年)だが、それらはその一つひとつが数十秒から一分台ときわめて短く凝縮された音楽である。それは秩序だった構成原理をもたないがゆえに短くならざるをえなかった反面、伝統から解き放たれた今この瞬間を鳴り響かせる可能性をもっていた。アドルノはこうした一九一〇年頃の表現主義的作品のうちに、二〇年代の構成主義を通して失われてしまうことになる、物象化に逆らうモデルネの芸術の大切な実験の成果を見てとっていたのである。

注

1　アドルノにとって芸術上のモデルネは、諸芸術において、「新しさ」の意識、「作り物」であることへの自覚、「不協和なもの」への移行の契機などを通して、伝統から自らを切り離そうとする態度が顕著となる一九世紀半ば頃以降の主として西欧の芸術動向(ボードレールやヴァーグナーやマネ以降)を指す(『美的理論』の「状況」の章を参照)。

2　例えばシェーンベルクの作曲技法は一九〇八～一二年頃のいわゆる「自由な無調」(表現主義)から、一〇年ほどの半沈黙期間を経て、二一年以降、十二音技法(構成主義)へと移行する。ここでアドルノは音楽をモデルにすると断っているが、例えば、そのシェーンベルクと親交のあったカンディンスキーの絵画が青騎士時代（〇九〜一四年頃）のアナーキーで表現主義的な種々の「インプロヴィゼーション」や「コンポジション」から、バウハウス時代（二一年以降）の幾何学的形態を用いる構成主義的な「コンポジション」へと推移するように、一部においては造形芸術にも対応させて考えることができる。そもそも二人は一九一一年に出会い、お互いの関心が作品の成り立ちにおいてまで接近しているのを確認し合っている（特に現代芸術における不協和音の解放の必要性について）。カンディンスキーが自然現象の模倣によらない非具象的な内面的世界の追求という点で音楽を範としたこと（「インプロヴィゼーション」「コンポジション」といった音楽類比的な題を用いて）、またシェーンベルクが作曲と並行して、自己の悲劇的な内面感情を直接表現へもたらそうとするきわめて表現主義的な絵画を手がけていたこともあり、一時期、両者の芸術理念は絵画と音楽というジャンルの違いを超えて共有されていた（シェーンベルク／カンディンスキー『出会い』土肥美夫訳、みすず書房、一九八五年を参照）。

3　表現および構成の概念についてはは『美的理論』においてもさまざまに論じられているが、いずれも表現から構成への移行という観点においてではない。本論での両概念の理解はあくまで五八／五九年「美学講義」に沿ったものである。

4　アドルノの客観性の美学とは、美的対象をめぐる主観と客観の弁証法とでもいうべきものである。それはあくまでも美的な対象（＝作品）を考察することをいう。芸術心理学的な手法（作品が観察者に及ぼす作用の学）や作品を芸術家の才能に還元するといった考え方はしない、ということである。アドルノの美学は徹底して客観性（美的対象）を優位においており、すべての主観主義的美学ははっきり退けられている。

5　「新芸術」（neue Kunst）という言い方はアドルノによって、広義にはモデルネ以降の芸術に対して用いられるが、わけても、「新音楽」（Neue Musik）がタームとして「古典主義、ロマン主義、新音楽」（Klassik, Romantik, Neue Musik）と区分され、主にシェーンベルク楽派以降の音楽を指し示すのと照応して、二〇世紀の表現主義以降の芸術を指して用いられる。

6　例えば「あの二〇年代」（一九六二年）の冒頭の段落ではこう書いている。「新芸術の英雄時代はむしろ一九一〇年頃、すなわち総合的キュビスム、初期のドイツ表現主義、シェーンベルクとその楽派の自由な無調の時代なのである」(GS 10.2, 499)。このエッセイでは、二〇世紀最初の数十年の芸術が真に実り豊かだったのは、一般に考えられているように、両大戦間の時代、すなわちヨーロッパの芸術界が平和で華やいだ雰囲気に満ちていたと思われている二〇年代なのではなくて、実際にはもっと早く一〇年頃なのだ、というのがアドルノの主張である。彼によれば、黄金の二〇年代と呼ばれる時代には「安定化」「中和化」という形で、三三年以降に顕在化するナチズムの影がすでに漂っていたのであって、真に革新的だった一〇年頃のシェーンベルクらの実験(それは二〇年代を通して頓挫してしまった)を引き継ぎ、そこから再考することで新しい芸術の姿が模索されなければならないという。また、その芸術のあるべき姿を不定形音楽と彼が名づけるもののうちに探ろうとする現代音楽論「不定形音楽に向けて」(一九六二年)では、同じように二〇年代と差別化しつつ「このような不定形音楽への視野は、一九一〇年ごろにすでに一度開示されていた。この日付は、あまりにも引き合いに出され使い古されてしまった二〇年代とは区別するという点で、些細なことではない。一九一〇年ごろというのは、シェーンベルクが《期待》、《幸福な手》、《こころの茂み》を書き、ストラヴィンスキーが《三つの日本の抒情詩》を書いた時代、総合的キュビスムの時代であるが、しかし、この時代を出発点としてその後まもなく、不定形音楽へ向けたアプローチはいくらか逸らされてしまった」と書いている(GS 16, 497［訳は守博紀作成のものを使用した］)。遺著となった『美的理論』(一九七〇年)の冒頭四文目にも「一九一〇年頃の革新的な芸術運動はこれまで全く想像されたこともないものの大海へと漕ぎ出して行ったが、そうした冒険も約束された幸福を呼び覚ますことはなかった」(GS 7, 9)とあり、少なくとも六二年以降のアドルノの、一九一〇年頃の実験的な芸術への評価は一定している。

7　Theodor W. Adorno, *Ästhetik (1958/59): Nachgelassene Schriften. Abteilung IV: Vorlesungen Band 3*, Suhrkamp, 2009. 以下、本書からの引用は本文中の括弧内にページ数のみを記す。

8　アドルノは「表現情動とはそもそもつねに苦痛(Schmerz)の情動である」(114)とも言っている。

9　マーティン・ジェイ『アドルノ』木田元訳、岩波現代文庫、二〇〇七年、三〇頁。

10　素材概念について以下の記述が参考になる。「芸術的な観念に空間および／または時間における客観的実在性を与え、この観念を相互主観的に伝達可能にするものは、どんなものでもすべて素材または材料になることができる」、「素材とは、芸術家がその造形作用、変形作用にさいして対決する与件の総体のことであり、そこには芸術的与件や精神的与件も含まれる」（W・ヘンクマン、K・ロッター編『美学のキーワード』後藤狷士ほか監訳、勁草書房、二〇〇一年、一七〇頁）。

11　講義の第五回ではこう言われている。「ますます進みゆく自然支配に異議を申し立てようとする芸術の試みが、逆説的にそれ自体また同時に自然支配という契機を、それも本質的かつ中心的な契機として自身のうちに含んでいるのです」（83－84）。

12　「シェーンベルクの十二音技法が、彼独自の仕事から全く論理的に成立したということ、つまり、動機・主題労作のラディカルな推進と調性言語からの解放によって成立したということは明らかだが、一方で、体系的な原理へ移行した際に、最良の何かが失われてしまったこともまた明らかである。十二音技法の作品は、素材が革新的に磨き抜かれているにもかかわらず、第一次大戦以前の彼の最良の作品に比べれば、伝統的な音楽言語に自らを同化させている。作曲する主観は束縛から解き放たれており、自由な自発性を持っているにもかかわらず、疑わしい秩序要求によって縛られてしまっている。なぜ疑わしいかといえば、その秩序は作曲家が生み出したものではあるが、要求から生み出されたのであり、純粋に事柄それ自体から生み出されたのではないからだ。」（「あの二〇年代」GS 10.2, 504f）

第4章　自由のイメージとしての不定形音楽

守　博紀

1　問題の所在

本稿で私は、アドルノの自然支配概念から積極的なアイディアを引き出すことを試みる。その積極的アイディアとは、《自然支配を通した自由の達成》と定式化できる。しかし、この課題が何を意味するのか、またそもそも取り組むに値するのかという点で、この課題設定そのものが説明を要する。そこでまずは、本稿の問いの位置価を示すために、アドルノの自然支配概念の理解として主流になっている従来の解釈を検討し、その問題点を指摘することで本論を準備しよう。

「自然支配（Naturbeherrschung）」とはホルクハイマーとアドルノが『啓蒙の弁証法』のなかで用いた道具立てのひとつである。この概念のもとで考えられているのは、世界のなかの対象・事象を認識し操作すること（外的自然支配）、および、個人の欲求・衝動を抑圧すること（内的自然支配）である。ポイントは、人間が（個体としても集団としても）生き延びるためになされる営みとして自然支配概念は理解され、なおかつ、『啓蒙の弁証法』においては自然支配の暴力的側面が強調されることである。[1] その議論の目的は、人間の歴史を合理性や理念の達成といった進歩の観点から構成することを拒絶し、一見して進歩と思われるものに含まれる野蛮への退行の相貌を浮き彫りにすることにあった。[2]

こうした含意をもつ自然支配概念について主流となっているのは、《アドルノはこの自然支配概念を認識論や社会理論のなかに粗雑なかたちで組み込んだためにアポリアに陥った》というものである。ここではこの解釈を代表するものとして、『権力の批判』におけるホネットのアドルノ批判を取り上げよう。

ホネットによれば、アドルノは『啓蒙の弁証法』における自然支配についての基本的な考え方を戦後も保持した。[3]そして、その理論的帰結として、支配するシステムと支配される個人という二項対立的なモデルに依拠した社会分析にとどまり、社会的領域をその考察から排除してしまった、とされる。[4]さらに、この解釈においては、アドルノは芸術作品のみに現実への非支配的な接近方法の可能性を認め、[5]その結果、批判的認識の権限を芸術作品に引き渡してしまった、と理解される。[6]

私がこのホネットの解釈にコメントしたいのは以下の二点である。第一に、ホネットによれば、自然支配のアイディアからは《支配する側と従属する側の一方通行的・二項対立的関係》しか帰結しないとされている。しかし、アドルノの自然支配概念には、このような一方通行的・二項対立的関係という帰結には尽きない積極的なポテンシャルがある。そのポテンシャルは、《自然支配は暴力の一形態でありながら同時にその暴力的なあり方を批判的に反省するための資源でもある》という両義性にある。ポイントは、自然支配はたしかに暴力的形態を取るけれどもそうした暴力性を反省するための安全地帯が自然支配の領域の外部に確保されているわけではない、ということにある。

第二に、《暴力的な自然支配と非暴力的な芸術》という二元論は、アドルノ美学を理解するさいに（意識的であれ無意識的であれ）引き合いに出される枠組みであり、ホネットもまたこの枠組みのもとでアドルノを理解していると言える。しかし、この解釈枠組みは、アドルノ美学の理解という観点から不適切であるだけでなく、それによって自然支配概念のポテンシャルを見落としてしまうことになるという観点からも不適切である。この不適切さは、第一のコメントの論拠と合わせて、芸術論における自然支配概念の含意を理解することで示すことができる。というのも、芸術論における自然支配は「素材支配（Materialbeherrschung）」と言い表されるが、この素材支配には、《支配される対象である素材によって支配する側の芸術家が制約される》という含意が——すなわち、一方通行・二項対立的関係とはまったく異なる含意が——あるからだ。[7]

しかし、自然支配概念をよりよく理解することで自由の構想を引き出す、という課題設定には飛躍があるように思われるかもしれない。というのも、芸術論のなかで自然支配概念が果たしている役割を明示することでホネットに代表される先の批判に対して応答することができるとしても、そこからさらに踏み込んでアドルノの自由論を引き出すにはさらなる論拠が必要であるからだ。その論拠として私が提出するのは、一九六一年の講演を基にした論文「不定形音楽に向けて」に見られるつぎの発言である。

> 芸術がほんとうに自然支配を撤回したいのであれば——すなわち、芸術が、人間がもはや精神による支配を行なわない状態に向けられているならば——、芸術がこの自然支配の撤回を達成するのは、ただ自然支配によってのみなのである。自分自身を意のままにする音楽だけが、あらゆる強制からの自由を、それどころか、自分自身の強制からの自由さえも、意のままにできるだろう。（…）不定形音楽においては、こんにちでは歪められてしまっている合理化の契機を積極的に止揚することができるだろう。芸術的に完全に分節化されたものだけが歪められていないもののイメージである——そしてそれゆえに、自由のイメージなのである。（GS 16, 537）

ここでアドルノは、不定形音楽という音楽――それは発言中では「自分自身を意のままにする音楽（eine ihrer selbst mächtige Musik）」とも表現される――のあり方に託して、「自由のイメージ（Bild der Freiheit）」を提出している。そのポイントは二つ挙げることができる。すなわち、この「自由のイメージ」は、第一に《自然支配による自然支配の撤回》という事態と結びつけられており、第二に「自分自身の強制からの自由（Freiheit von dem eigenen Zwang）」として考えられている。これらのポイントを踏まえるならば、自然支配が自由の単なる否定ないし対立物として考えられているのではないこと、それどころか、自然支配概念のより細かい理解がアドルノ独特の自由概念の理解にとって不可欠であることを、アドルノ自身の発言から確認することができる。

いま「アドルノ独特の」という言い方をしたのは、第二のポイントで挙げたように、ここでの自由が「自分自身の強制からの自由」と定式化されているからである。そして、この表現そのものが、本稿での「不定形音楽に向けて」の読解方針を与えてくれる。私は本稿で、不定形音楽の構想によって解答が与えられる自然支配の問題を、《自分がなしたことやつくったものが自立化し自分自身を制約する》という問題として定式化しよう。そのうえで、以下のように議論を進める。まず、不定形音楽の構想の輪郭を、《抽象的形式の拒絶》と《連関の内在的構成》という観点から描く（第2節）。ついで、自然支配の問題の観点から、アドルノが考察した戦後前衛音楽の二つの動向、セリー音楽（第3節）とケージの音楽（第4節）の問題を示す。不定形音楽はこれらの動向に対するオルタナティヴとして理解できる。最後に、歴史的参照点として「無主題的音楽」に言及するアドルノの議論に依拠しながら、不定形音楽の構想がいかなる点で自由のイメージたりえているかを示そう（第5節）。

2　不定形音楽の構想──抽象的形式の拒絶と連関の内在的構成

アドルノは「不定形音楽に向けて」のなかで、戦後の前衛音楽の動向が提起した問題を受け止めつつ自らが考える音楽のあるべき方向性を示すという課題に取り組んだ。[8]このあるべき音楽のあり方をアドルノは「不定形音楽（musique informelle）」と呼ぶ。ここでアドルノが問題にした戦後の前衛音楽の動向とは、大まかに言えば、セリー音楽と偶然性の音楽の二つである。前者は音を一部の隙もない必然性でもって関連させようとする傾向であり、五〇年代初めのブーレーズなどに代表される。後者は音楽作品のなかに偶然性をもちこもうとする傾向であり、ケージに代表される。本節の目的は、両者を自然支配の問題という観点から描くことで、両者に代わる音楽の構想として不定形音楽の輪郭を描くことである。

とはいえ、アドルノは、不定形音楽についての確固たるイメージをもってその観点から戦後の動向を批判していたのではない。もしそうであったならば、「ではその不定形音楽とは何か」という問いに積極的で明確な答えを与える必要が出てきただろう。[9]しかしながら、アドルノの議論からそうした明瞭な規定を抽出することはできないし、そもそもそうした明確なイメージを提出することはアドルノの狙いではなかった。[10]むしろ、アドルノの議論は、戦後前衛の具体的な作品によって開示された音楽の可能性にそのつど対峙し、そのつどの対立軸に応じて問いを立てることで、現状とは別のあり方の音楽への視野を提供しようとするものとして読まれるべきである。このような読解上の態度をとるとき、《セリー主義やケージの作品がアドルノから見ていかなる点で批判されるべきなのか》ということと同じくらい、《セリー主義やケージの作品がアドルノから見ていかなる点で批判的対決に値すると考えられたのか》ということが重要になる。すなわち、不定形音楽というアイディアを理解するためには、《アドルノはセリー音楽やケージの音楽からどのような問いを引き出したのか》ということを問題にしなければならないのである。そのかぎりで、不定形音楽とは、積極的に規定すべき概念ではなく、セリー主義やケージなどの具体的な作品を参照点として消極的に浮き彫りにすべき概念であると言える。

しかし、消極的に規定すべき理念であるとはいえ、アドルノが手がかりをまったく残していないわけではない。アドルノは、つぎに引用する発言で、不定形音楽の定義を拒否しつつ、その輪郭を描いている。

> 実証主義者のありきたりの作法に従って不定形音楽を定義することはできない。（…）それでも私は、少なくとも、この［不定形音楽という］概念の地平が広がる範囲を画定したい。ここで考えられているのはつぎのような音楽である。すなわち、外側から抽象的に硬直したあり方で対立するようなあらゆる形式を払いのけてしまった音楽、しかしそれでいて、他律的に課されたもの、音楽にとって疎遠なものから完全に自由であるにもかかわらず、客観的に、有無を言わさず、現象のなかで（現象にとって外的な合法則性のなかでではなく）自らを構成する、そのような音楽である。(GS 16, 496)

ここでは不定形音楽の二つの特徴が描かれている。第一に、「外側から抽象的に硬直したあり方で対立するようなあらゆる形式を払いのけて」いること。これをいま《抽象的形式の拒絶》と呼ぼう。第二に、「客観的に、有無を言わさず、現象のなかで（…）自らを構成する」こと。これをいま《連関の内在的構成》と呼ぼう。以下で両者の内容を説明する。

そのさい、この二つを接続する「にもかかわらず（doch）」という逆接表現に注意する必要がある。逆接の関係にあるということは、この二つの両立（抽象的形式を拒絶しかつ連関を内在的に構成すること）は難しいと考えられているということのように思われる。しかし、両者は両立困難どころかむしろ表裏一体のものなのである。むしろ、この「にもかかわらず」という逆接関係は、「抽象的」と「内在的」という修飾語を取り除いた、《形式の拒絶》と《連関の構成》という二つの事柄のあいだで成立する関係と考えた方がよい。以下でそれを説明しよう。

作品のなかで連関を構成するということは、作品に含まれるあらゆる部分が全体のなかで特定の役割を果たすように諸部分を組み合わせるということである。そうすると、連関が構成されているかという問いは、《作品のなかのある部分がいかなる理由でここにあるのか》という理由を求める問いとして理解できる。このように考えると、その作品がいかなる形式でつくられているかということを参照すればこの問いに答えることが容易になる、ということも言えるだろう（たとえば、「ベートーヴェンの交響曲第五番第一楽章の第五九―六二小節のホルンは第一主題の動機を用いつつ第二主題の開始を告げている」というように）。しかしながら、このような理由の与え方は、理由を求められたときに参照できる形式が前もって存在しているという前提の下で可能となっている（「第一主題」や「第二主題」という役割を指示する言葉を使用可能にするソナタ形式とはまさにそのような形式である）。逆に言えば、こうした形式を前提とせずに連関を構成することは難しい。それゆえ、《形式の拒絶》と《連関の構成》は逆接関係にあるのである。

それでは、こうした前提を放棄すると――すなわち、抽象的な形式を放棄すると――どうなるだろうか。このとき、《ある部分xがなぜここにあるのか》という問いに対しては、あらかじめ意味の確定された役割を挙げることによってではなく、《xはその前のyに続くからだ》、《xの後にzが続くからだ》というしかたで、作品内の前後の部分との連関を挙げることによって答える必要がある。この答え方は、《xを理解することで何が理解できるのか》、《何を理解すればxを理解できるのか》という問いに対して作品外の要素を引き合いに出さない（すなわち、「第一主題」や「第二主題」といった言葉さえも使用しない）という意味で内在的である。そして、このような意味で連関をつくりだすことが、ここで《連関の内在的構成》ということで言われていることにほかならない。

このように考えると、《抽象的形式の拒絶》と《連関の内在的構成》は同じコインの裏表であると言うことができる（後者は前者を前提としており、かつ、前者にコミットするならば後者を引き受けざるをえない）。問題は、このことが何を意味するのかということだが、その中身を充実させる作業のためにも、議論しておかなければならないことがある。まずは、不定形音楽の構想を戦後前衛音楽のオルタナティヴとして理解するためにも、以下第3節でセリー音楽について、第4節でケージの音楽について、アドルノが問題にしたポイントをそれぞれ確認しよう。

3　セリー音楽の内在的矛盾

ここではセリー音楽の問題をめぐるアドルノの議論を整理する。まず、「不定形音楽に向けて」よりも数年早く書かれた論文「新音楽の老化」（一九五四年）を参照しよう。この論文を参照する理由は、アドルノのセリー音楽批判としては最初期のものであるこの論文の方が、セリー音楽の問題の指摘という点ではより明快であるからである（それに対して、のちに立ち返ることになるが、「不定形音楽」ではセリー音楽はより細かい文脈のなかで捉え直されることになる）。

セリー主義について理解するためにはその前段階の「十二音技法」について理解する必要がある。十二音技法の基本的なアイディアは、無調によって実現した《それぞれの音が果たす役割の重要性を無差別化すること》、そして、かつて調性によって可能になっていた《作品に秩序と法則性を与えること》、この二点を同時に満たすことにある。そのために考案されたのが、十二音音列を用いるということであった。十二音技法による作曲には、平均律の半音音階を基盤とした十二の音高および音程関係によって確定される十二音音列を用いる。[11] セリー音楽とは、この十二音技法のアイディアを音高のみならず持続・強度・アタックというほかのパラメーターにまで拡張してつくられた音楽である。[12]

アドルノが十二音技法の問題として考えているのは、《どのような作品をつくるかということとその作品をつくるためにどのような方法を用いるかということとのあいだにズレや緊張が入り込む余地がない》という問題だった。セリー主義が十二音技法の拡張・徹底化であるという点で、十二音技法に対するアドルノの疑念は、より先鋭化したかたちでセリー主義にも当てはまる。じっさい、「新音楽の老化」のなかでアドルノは「十二音技法（…）の現状への問いが（…）なおさら切迫したものになっている」（GS 14, 147）という時代診断を下している（「なおさら（um so）」という程度の進行を示す表現に注目しなければならない）。しかし同時に、アドルノはこの問題を、作曲する力そのものの衰退と結びつけて考えている。「内的緊張が衰えていることと造形力が衰えていることとは互いに対応しており、おそらく根は同じである」（GS 14, 144）。すなわち、アドルノは単なる方法論上の問題としてセリー主義を取り上げるのではなく、そうした方法論に基づいて生まれた作品自体の音楽としての質をも問題にしているのである。

それでは、アドルノが考えるセリー主義の問題とは何か。「新音楽の老化」のなかでは、セリー音楽に含まれる問題がつぎのように指摘されている。

ピエール・ブーレーズと彼の追随者たちは、伝統的な音楽上の慣用語法の残滓もろとも、あらゆる作曲上の自由をも恣意として同時に排除することを目指している。（…）それゆえ、何よりもまず試みられたのは、リズム法をも十二音技法の厳密な秩序のなかに引き入れること、そして最終的には、音程・音高・音の長短・強度といった客観的に計算可能な配列で作曲を置き換えることだった。これは音楽においてはおそらくこれまで目指されたこともない統合的な合理化である。しかし、こうした法則性は恣意的であり、やることが命令されて決まっている組織法にある客観性は単なる仮象にすぎない。このことは、諸々の規則が音楽の経過の構造関係に適合していないという点にすでに明らかになっている。彼らはこの不適合さを片づけることができない。（GS 14, 151）

ここではセリーによる作曲の目的として、⑴伝統的な慣用語法の排除と、⑵作曲上の自由の排除が挙げられており、セリーはこれらの目的を果たすための手段として説明されている。この試みをまとめてアドルノは「統合的な合理化（eine integrale Rationalisierung）」と呼ぶ。これが「合理化」であるのはもろもろの音を厳密な秩序のもとに配列しようとするからであり、これが「統合的」であるのは音の（音高だけでなく音価・強弱なども含む）あらゆるパラメーターをこの秩序のもとに含めようとしているからである。しかし、こうした目的の核心はそもそも《恣意性の排除》という点にあったにもかかわらず、結果として出てくるのは恣意的な法則と見せかけの客観性だとアドルノは言う。すなわち、恣意を排除するはずが恣意的な法則を導入してしまっているという点で、アドルノはセリー主義の内在的矛盾を指摘するのである。[13]

以上のようなセリー音楽の考え方は、本稿が取り組む自然支配の問題の観点から言えば、《自分がなしたことやつくったものが自立化し自分自身を制約する》という事態を純然たるかたちで提示したものと考えることができる。というのも、セリー主義には、《私があらかじめつくった音列によって制約されていない部分が作品のなかにあってはならない》という考えがあるからである。そして、セリー音楽が先鋭化させたこの問題に対してひとつの解答を与えたのがケージだった。そこで、節を改めてケージの考察に移ろう。

4　自然支配に反抗するケージの試み

ここからは、ケージの《ピアノとオーケストラのためのコンサート》についてのアドルノのコメントを検討しよう。それによって、不定形音楽の構想とケージの近さと遠さを示したい。

ケージの《ピアノとオーケストラのためのコンサート》（一九五七—五八年）は五八年五月一五日にニューヨークで初演された。[14] 同年九月にはケルンでヨーロッパ初演がなされ、アドルノはこのケルン公演に居合わせたものと思われる。[15] この作品については、「不定形音楽に向けて」以前の「音楽と新音楽」（一九六〇年）のなかでもつぎのように述べられている。「ケージの《ピアノとオーケストラのためのコンサート》は、いかなる音楽的連関という理念にもタブーを課したというただその一点のみにおいて首尾一貫し有意味なのであり、これは破局の音楽の極点（das Äußerste an Katastrophenmusik）をもたらしている」(GS 16, 482-3)。

ここでアドルノは、ケージの音楽が音楽的連関を徹底的に放棄していること、そしてまさにその点において「有意味」であることを指摘している。この《連関の放棄》というのは、この作品の以下のような特徴を指しているものと思われる。まず、(1) この作品は総譜をもたず各楽器のパート譜だけから構成されている。また、(2) この曲の演奏にさいして各奏者は《具体的にどのようにすべきか》の決定に関してかなりの自由裁量が認められている。さらに、(3) ピアノのパート譜にかなり特徴的な図形的記譜法が用いられている。これらの点の結果として、この作品については、《なぜxのつぎにyが来るのか》という問いに対してけっして答えを与えることができない。この不可能さは、連関を聴き取ることができるように思われるとしてもそれはたまたまそうなったということ以上のものではないがゆえの原理的な不可能さであり、それゆえに徹底的である。[16]

さらに、アドルノは「不定形音楽に向けて」でケージの作曲活動を二つの点から捉えている。ひとつは音楽上の意味連関を保証する定型や慣用語法の放棄である。それに加えてアドルノは、作曲する主体という考えそのものの放棄というアイディアをケージに見出している。「ケージと彼の楽派が行ったさまざまな試みは、[音楽上の]あらゆる定型句を消し去った。その上さらに、ケージたちは、主観によって組織するという理想(ein subjektiv-organisches Ideal)の死を悼むこともなかった。彼らは、この理想のなかにも定型句が生き残っているのではないかと疑っているのである」(GS 16, 533)。アドルノはこうした点からケージの音楽を「反芸術(Antikunst)」(GS 16, 533)と呼ぶが、この呼称はけっして反感や軽蔑を表しているわけではない。「反芸術を褒め称えることが誤りであるのとおなじくらい、反芸術を高級な余興やユーモアとして、つまりはまったく下劣なものとして片づけてしまうことも誤りである」(GS 16, 533)。すなわち、アドルノは、ケージの作曲活動を無批判に擁護することもディレッタントと見なして無視することも拒絶するのである。

アドルノにとってケージが無視しえないのは、アドルノがセリー音楽の問題と考えたものにケージがひとつの答えを与えたと見なしうるからである。それはすなわち、自然支配への反抗である。この点で、ケージは不定形音楽の構想に接近している。[17]「少なくともひとつの点において、ケージの衝動は不定形音楽の衝動に近づいている。それはすなわち、音楽と自然支配との強固な共犯関係（die sture Komplizität von Musik mit Naturbeherrschung）に対する反抗という点においてである」（GS 16, 534）。しかし同時に、アドルノによれば、ケージのこの反抗は自然支配の「抽象的否定」（GS 16, 534）にとどまっている。この点に、不定形音楽とケージの音楽の近さと遠さが集約されている。すなわち、セリー音楽がラディカルに提示した《自分がなしたことが自立化し自分自身を制約する》という問題に対して、ケージは《そもそも自分がなすということをやめる》という解答を提示した、と考えることができるのだ。

この解答は、自分で自分を制約する可能性をこれまでにないかたちで排除する——それゆえ、これは自然支配への反抗でありうる。しかしながら、その排除の徹底さゆえに、自由を実現するために対象との歴史的・具体的な関わりのなかに入り込むべき主体をも排除してしまっている——それゆえ、これは自然支配の否定としては「抽象的」なのだ。ここに、本稿冒頭で述べたように、不定形音楽が描く自由のイメージが《自然支配による自然支配の撤回》として考えられている理由がある。不定形音楽は自由の実現のために自然支配に反抗しなければならない（ここに不定形音楽とケージの近さがある）。しかし、その反抗は、自然支配をそもそも放棄することによってでも、自然支配とは別の資源に依拠することによってでもなく（ここに不定形音楽とケージの遠さがある）、当の自然支配によってなされなければならないのだ。

こうして、戦後前衛音楽の二つの動向に対抗するしかたで、アドルノは不定形音楽を構想する。「素材信仰［ケージ］と絶対的な徹底的組織化［セリー主義］という敵対する両極端は物神崇拝（Fetischismus）において収斂する。不定形音楽はこの両極端のいずれに対しても反対する」（GS 16, 524）。次節では、この構想の中身を、セリー音楽をめぐる立体的議論を通して充実させていきたい。

5　歴史的参照点としての無主題的音楽

ここまでで私は、セリー音楽の内在的矛盾を指摘する「新音楽の老化」とケージの音楽の意義と問題を指摘する「不定形音楽に向けて」の議論を整理した。以上の議論の目的は、両者に対するオルタナティヴとして不定形音楽の構想を外側から描き出すことだった。以下では、この構想の内容を充実させることを目指す。「新音楽の老化」では、セリー音楽の内在的矛盾が指摘されるにとどまり、その矛盾を引き受ける音楽の構想についての積極的な提案はなされなかった。それに対して、「不定形音楽に向けて」では、セリー音楽の問題の所在がより詳しく考察され、それにともない、この問題に対するアプローチもまた提案されている（このアプローチこそ不定形音楽の構想にほかならない）。セリー音楽をめぐるこのような考察の深まりは、ケージの音楽との出会いをきっかけにして始まったと考えることができる。というのも、《自分がなしたことによって自分が制約される》という問題に対してケージが提出した、主観の放棄――自分がなすということをやめる――という解答が、自然支配に対する反抗として真剣に受け止めるに値するものだったからこそ、アドルノは主観を放棄することなく自然支配に抵抗するオルタナティヴの構想を練り上げる必要性を自覚した、と考えられるからだ。

そして、このオルタナティヴとしての不定形音楽の構想を――具体的なプログラムを与えることなく――練り上げるために、アドルノは歴史的な参照点として「無主題的音楽」を引き合いに出す。「無主題的（athematisch）」音楽とは、その名が示す通り、「主題的（thematisch）」音楽と対比されるものである。その主題的音楽は、「動機・主題労作（die motivisch-thematische Arbeit）」を主要な作曲技法として用いて組み立てられた音楽として特徴づけることができる。

動機・主題労作とは、特定の主題（多くのばあいは旋律のかたちをとる楽曲の構成要素）や動機（リズムや音程上の特徴をもつ主題の構成要素）を加工することで音楽に展開・発展をもたらす作曲技法である。これによって、音楽は有機的に――すなわち、諸要素が単独でではなく全体のなかで役割をもつようなしかたで――かつ論理的に――すなわち、諸要素が単に並列されるのではなく何らかの説得力をもって関係づけられるようなしかたで――進展する。しかし同時に、このような有機的・論理的性格は伝統的な音楽上の慣用語法に依拠したものでもある。なぜなら、全体のなかの役割や説得力ある関係は無前提に存在するのではなく、特定の音楽実践――とりわけ調性音楽の語法――を背景にしてはじめて成立するからだ。[18]

したがって、このような動機・主題労作を拒否する無主題的音楽は、伝統的語法に依拠することでは予測も把握もできないテンポ・ダイナミクスの変化やさまざまな楽想の並置によって組み立てられ、その結果、緊張感を帯びた音楽となる。[19]

アドルノは、このように特徴づけられる無主題的音楽を、主題的音楽およびセリー音楽との三項関係のなかで把握しようとする。これは、セリー音楽とケージの音楽のオルタナティヴとしての不定形音楽の構想を提示するという目的にとっては、一見すると回り道のように思われるかもしれない。しかしながら、この三項関係の把握には、不定形音楽のアイディアを分節化するための、回り道などではけっしてない重要な役割がある。その議論は三つのステップによって再構成することができる。⑴まず、無主題的音楽は、不定形音楽のあり方に近いものとして、歴史上の具体的な作品名とともに挙げられる。⑵ついで、この歴史上の参照が動機・主題労作のアイディアを発展的に継承するためのものであることが示され、⑶最後に、動機・主題労作の何を継承すべきなのかを明示するために、動機・主題労作のもうひとつの継承者としてのセリー音楽との対比で、無主題的音楽がいかなる点で不定形音楽の構想を示しているのかということを明らかにする。以下、順番に説明しよう。

（1）アドルノは、一九一〇年ごろのシェーンベルクの作品が不定形音楽の構想に近かったと述べている。これは、不定形音楽の作曲技法やアイディアを具体的に示そうとしないアドルノの議論のなかでは、唯一と言ってよい具体的な作品上の手がかりである。ただし、二点注意が必要である。第一に、アドルノによれば、一九一〇年前後にはたしかに不定形音楽へ向けたアプローチがなされたが、同時にそのアプローチはすぐさま逸脱してしまう。具体的には、無主題的で確たる構造をもたないモノドラマ《期待》（一九〇九年）から分かりやすい構造をもつ音楽付きドラマ《幸福な手》（一九一一―一三年）への後退である。[20] 第二に、アドルノは一九一〇年ごろの作曲を範としてその時代への回帰を要請しているのではないし、そもそものようなことが可能だとも考えていない。[21]

こうした注意点を踏まえるならば、一九一〇年ごろの無主題的音楽は、不定形音楽のあり方の具体的例示として理解することはできない。じっさい、無主題的音楽を不定形音楽のプログラムとして提示することをアドルノは明確に拒絶している。[22] 無主題的音楽は、動機・主題労作およびセリー主義と並べ置かれた文脈のなかで不定形音楽の構想を浮き彫りにするための歴史的な――没歴史的に通用するものでも依拠可能なものでもない――参照点として理解しなければならない。

（2）このような歴史的参照点は、動機・主題労作のなかの発展的に継承すべきアイディアを明示化するために用いられる。このことを理解するために、アドルノが無主題的で非構造的な作品である《期待》を引き合いに出しているつぎの発言を見てみよう。

美的必然性を文字通りの必然性から解放することは実り多いものとなりうる。このことは、素材支配のより以前の段階では、《期待》から学ぶことができる。《期待》やそれと非常によく似た作品において、明らかにシェーンベルクは、動機・主題労作が――こんにちではセリーの決定論がそのようなものとして現れるのと同じように――音楽の自発的な流れにとって外的なものであり、操作であると感じていた。このモノドラマの無主題の繊維組織は、この点に由来する。しかし、この無主題の繊維組織は、単純に偶然に身をゆだねているのではなく、動機・主題労作の精神を積極的に自らのなかで止揚しているのだ。動機・主題労作はそれにともなって変化し、拡張する。(GS 16, 515)

アドルノがここで意図しているのは、「美的(ästhetisch)」必然性を「文字通りの(buchstäblich)」必然性から区別し、前者を支持することである。アドルノは、「文字通りの必然性」ということで、セリー音楽の構成に見られる必然性――あらかじめ設定された順番に従ってある音のつぎに別の音が続く必然性――を考えている。ここで「解放(Emanzipation)」と言われているのは、セリー音楽が「美的必然性」をこの意味での必然性へと還元してしまったとアドルノが考えていることによる(また、発言の後半で明言されているように、「美的必然性」はケージの音楽の偶然性とも異なるものとして考えられている)。そして、この区別を引き出すためにアドルノが依拠するのが《期待》である。

この区別はどのような議論上の効果があるのだろうか。重要な点は二つある。第一に、アドルノが「美的必然性」と呼ぶもの――それは引用した発言のなかでは「音楽の自発的な流れ」とも呼ばれている――の観点からすれば、動機・主題労作は「外的なものであり、操作である」とされている。第二に、この点を見逃してはならないのだが、一九一〇年代における動機・主題労作が、一九六〇年代当時におけるセリー主義と対応するものとして位置づけられている。この二点に、無主題的音楽が不定形音楽の歴史的参照点であるという先の論点を合わせて考えよう。そうすると、無主題的音楽から見て動機・主題労作がいかなる点で「外的なもの」であるか、ということを明らかにすることで、アドルノの考える不定形音楽から見てセリー音楽がいかなる点で問題含みであるか、ということをより細かく分節化できる見込みが与えられることになる。

さらに、上で引用した発言の終わりの方で、無主題的音楽が「動機・主題労作の精神を（…）止揚（aufheben）している」と述べられていることにも注意しなければならない。アドルノは、主題的音楽と無主題的音楽を抽象的に対立させているのではなく、むしろ、動機・主題労作のなかに含まれている継承すべきアイディアを積極的に取り出そうとしているのだ。[23]

(3)　それでは、動機・主題労作はいかなる点で「外的」なのだろうか。この問いに答えるために、動機・主題労作も《自分のなしたことが自立化し自分を拘束する》という問題の観点から考えてみよう。動機・主題労作は、自らが提示した主題を分解しつつ組み合わせ、練り上げ、積み上げることで、統一感のある楽曲の完成を目指す技法である。すなわち、動機・主題労作は、《先行する自分自身が書いた主題（またはそれに含まれる動機）によってそれに続く部分の構成が制約される》という事態として理解することができる。そして、この事態はセリー音楽において極端なかたちで顕在化した、《自分のなしたこと・つくったものが自立化し自分を制約する》という問題と構造的に同型である。

この点は重要である。というのも、主題的音楽とセリー音楽は一見して対立するように思われるからだ

（なぜなら、先に述べたように、動機・主題労作による有機的・論理的連関は伝統的語法に依拠して成立するものである一方で、セリー主義は伝統的語法の排除をその動機づけのひとつとしていたから）。しかし、無主題的音楽という第三項を置くことによって、この一見したところ自明な対立関係を別の観点から見ることができるようになる。この別の観点から浮かび上がる動機・主題労作とセリー主義の共通点こそ、動機・主題労作を「外的」にするものにほかならない。

セリー的なものを動機的・主題的なものとただ対立するものと捉えてはならない。セリー音楽自身が、動機的・主題的なものの全体性から成立した。言ってみれば、セリー音楽は、この［動機的・主題的なものの］原理を時間および音色にまで拡張することから成立したのだ。両者のやり方は、全体的組織化という究極目標を共有している。（GS 16, 516）

ここで言われているように、主題的音楽とセリー音楽は、「全体的組織化という究極目標（Telos der totalen Organisation）」の点で共通している。それはすなわち、両者とも、各部分の連関が明確で全体として統一されているものとして作品を提示することを目標に据えているということだ。

それでは、作品全体に統一を与えるということが、動機・主題労作が「外的」であるゆえんなのだろうか。答えは「然り」なのだが、注意が必要である。そこで問題とされているのは、《統一された全体という目標設定》であって、《統一を与える様態》ではない。すなわち、アドルノは、拒絶しながらもなお継承すべき――「止揚」すべき――動機・主題労作のポテンシャルとして、統一についての考え方を取り出すのである。この点で、動機・主題労作とセリー主義の区別が捉え直されることになる。

もしかすると、両者の区別はつぎのように捉え返すことができるかもしれない――全面的にセリーで作曲するということにおいては、統一は事実として、すなわち、その作曲の統一のなかに隠されてはいるが直接に存在するものとして考えられている。それに対して、主題や動機を用いて音楽を生み出すということにおいて、統一はつねに生成するものとして、それゆえ、自らを開示するものとして規定されている。（GS 16, 516）

セリー音楽と主題的音楽の違いは、統一が「存在するもの」として考えられているか「生成するもの」として考えられているかの違いとして把握される。これは両者の統一を与える方法にそくして理解することができる。すなわち、セリー音楽における統一性や連関があらかじめ自分が設定した――その意味で楽曲以前にすでに存在している――音列に依拠して与えられるのに対して、動機・主題労作における楽曲の統一性や連関は、動機や主題間の推移関係の理解によってはじめて作り出される――その意味で作曲プロセス・聴取プロセスによってはじめて生まれる――ものなのである。

そして、アドルノが無主題的音楽の考察を通して動機・主題労作から継承しようとしているアイディアとは、この「生成」としての連関・統一である、と言うことができる。すなわち、歴史的参照点としての無主題的音楽から得られる不定形音楽の構想とは、作品全体の統一を保証する基礎的原理なしに推移関係による連関の達成を目指すものとして理解できる。これこそが、第2節で確認した、《抽象的形式の拒絶》と《連関の内在的構成》という要素の内容である。

ここに示された考えは、作曲という音楽固有の文脈を超えた射程をもつように思われる。それは、《自分自身を生成の相のもとで開示する》という自己のあり方についての構想である。自分自身を生成の相のもとで開示するというとき、対比されているのは、《自分自身を存在する統一として与えること》である。それは具体的には、自らの属性を説明するために前もって確定された分類（男性であること・アドルノを研究していること・日本国籍であることなど）を引き合いに出すことを意味するだろう。こうした分類に依拠すれば自分が何者であるかは説明しやすくなる。しかし、より厳密に言うならば、私はそのとき自分自身を説明しているのではなく、むしろ、その内部で自分自身を安定して説明することのできる枠組みをただ享受しているにすぎない（自分自身を説明するためにそうした分類を引き合いに出すということは、いわば、自分自身が何者であるかの規定を外部委託することである）。そして、その享受の帰結は、そうした枠組みで説明しにくいものに対する鈍感さであり、さらにはそうしたものが意識に上がらないよう排除することである。《生成としての自己の開示》というアイディアはこのような鈍感さや排除に対する矯正策になりうる。なぜなら、統一を前もって保証する枠組みなしに諸契機の連関を生み出すというあり方には、自らのあり方を自己完結させず他者へと開いていくという側面があるからだ。アドルノは、このような生成としての自己開示が、一方では自分自身のまとまりの創出であるという意味で自然支配的性格をもちながら、他方で同時にそのまとまりがつねに他者——それは一般的な他者ではなく特定の関係において私に迫り私を混乱させる他者である——に対する感受性の発揮によって達成されるという意味で自然支配に反対するものでもあると考えている。

芸術にかんする技術の首尾一貫性は、真の支配として、つねに同時に、支配とは逆のものでもある。すなわち、それは、主観的な感受性を、それ自体としては主観ではないものの動きに対する敏感さにまで

発展させることでもある。（GS 16, 537-8）

アドルノはここで芸術の領域に限定した議論をしているように思われるが、このアイディアは芸術の領域固有のものとして神秘化して理解する必要はない。むしろ、自己を他者へと開いていくことで達成される自由という実践哲学的アイディアを不定形音楽の構想から引き出すことができるという点に、アドルノの音楽論の豊かさが示されている、と言うべきである。

注

１　自然支配の暴力性についての研究のなかでも、ここではとくに、精神分析の観点から『啓蒙の弁証法』を読解するホワイトブックのつぎの発言を参照。「ホルクハイマーとアドルノにとって、内的自然の支配は外的自然の支配にまったく劣らず、**暴力**の形態をなす。外に向けては、専制的な自我は外的自然の多様性に自らの厳密な統合を押しつける。内に向けては、専制的な自我は内的自然の多様さに、すなわち、エスのさまざまなかたちをとるばらばらなあり方におなじ暴力的総合を押しつけようとする。個体化の原理はそれ自体で暴力的である」（Joel Whitebook, "The Urgeschichte of Subjectivity Reconsidered," *New German Critique*, vol. 81, 2000, pp. 125-141, p. 128［強調原文］）。また、ズヴィダヴァートは、ホワイトブックの考察を引き受けつつ、自然支配の暴力性が社会的形態を取ったときに生じる帰結について考察している（Lambert Zuidervaart, *Social Philosophy after Adorno*, Cambridge: Cambridge University Press, 2007, pp. 122-4）。

２　「世界史の哲学的構成というものがあるとすれば、それは、首尾一貫した自然支配が、あらゆる回り道を経てあらゆる障害に直面したにもかかわらず、ますます決定的に貫徹され、あらゆる人間の内面を統合する、そのありさまを示さなければならないだろう。こうした観点から、経済や支配や文化のさまざまな形態も導き出すことができるだろう」（GS 3, 254）。

3　Axel Honneth, *Kritik der Macht. Reflexionsstufen einer kritischen Gesellschaftstheorie*, Frankfurt am Main: Suhrkamp, 1989, S. 70.〔『権力の批判』河上倫逸監訳、法政大学出版局、一九九二年、七七頁〕

4　Honneth, *Kritik der Macht*, S. 110.〔『権力の批判』一二五頁〕

5　Honneth, *Kritik der Macht*, S. 78-9.〔『権力の批判』八七頁〕

6　Honneth, *Kritik der Macht*, S. 82.〔『権力の批判』九一頁〕

7　この含意を詳述することは本稿の課題ではない。私は別のところで、アドルノの音楽素材論にそくして、この素材支配概念の実践哲学的含意を展開した（守博紀「自由の構想に受動性を織り交ぜる――アドルノの音楽素材論を実践哲学的に読解する試み」『倫理学年報』第六五集、二〇一六年、一九三―二〇六頁）。アドルノの素材概念については、Reinhard Kager, "Einheit in der Zersplitterung. Überlegungen zu Adornos Begriff des »musikalischen Materials«," in: Richard Klein und Claus-Steffen Mahnkopf (Hrsg.), *Mit den Ohren denken. Adornos Philosophie der Musik*, Frankfurt am Main: Suhrkamp, 1998, S. 92-114 および Max Paddison, *Adorno's Aesthetics of Music*, New York: Cambridge University Press, 1993 も参照。また、この論点にかんしては、本論文所収の杉内論文の第3節が、芸術における合理性の役割をミメーシスとの関連で論じており、そちらも参照。

8　アドルノは一九六一年にダルムシュタット国際現代音楽夏期講習会に招待され、九月五日および六日の二日間にわたって「不定形音楽に向けて」というタイトルの講義を行った（この講義は、現在では遺稿集に収録されている）。この講義は一九六二年の『ダルムシュタット新音楽論集』に掲載され、修正が加えられたうえで、一九六三年の音楽論集『幻想曲風に』に再録された（この論集は現在では全集第一六巻に収録）。ダルムシュタット夏期講習会へのアドルノの関与については、Rolf Tiedemann, "Nur ein Gast in der Tafelrunde," in: R. Tiedemann (Hrsg.), *Frankfurter Adorno Blätter VII*. München: edition text+kritik, 2001, S.177-186 が、書簡などの一次資料も含めて簡便に紹介している。

9　もちろん、アドルノの議論を受けて不定形音楽の構想を実現している（またはそれに近づいている）作品を挙げるという作業は、意義あるものであるだろう。そうした研究として、リゲティの《アヴァンチュール》を挙げるツェンクの研究（Martin Zenck, "Auswirkungen einer »musique informelle« auf die neue Musik. Zu Theodor W. Adornos Formvorstellung," *International Review of the Aesthetics and Sociology of Music*, Vol. 10, No. 2, 1979, pp. 137-165）を参照。さらに、高安は、アドルノの議論を思いもよらぬしかたでアドルノ自身を越えて押し進めた「ポスト・アドルノの音楽」として、ラッヘンマンの作品を挙げている（高安啓介「アドルノの音楽美学――非同一なものの経験」博士論文、大阪大学、二〇〇二年）。

10　アドルノはカントの「永遠平和」概念を引き合いに出しながら、不定形音楽を実現可能でありながらまだなお達成されていない理念として性格づけている。「不定形音楽には、いくらかカントの言う永遠平和とおなじようなところがある。カントはこの永遠平和を、実現されうる、現実的で具体的な可能性として考えたが、それにもかかわらずやはり、この永遠平和を理念としても考えていたのだった」（GS 16, 540）。

11　もう少し詳しく説明すると以下のようになる。この音列は四つの形態（基本形、逆行形、転回形、逆行転回形）で現われる。また、このそれぞれの形態いずれにおいても、十二の音のどれから始めてもよい。それゆえ、単純計算で、作品ごとに四十八の音列が使用できることになる。このようなしかたで確定された音程関係によって、《作品に秩序と法則性を与えること》という要求が満たされる。また、ある音が現われたら残りの音がすべて現れるまでその音は反復されない。これによって十二の音のいずれにも中心的な役割は与えられず、十二の音すべてが等価と見なされることになる。この点によって、《それぞれの音が果たす役割の重要性を無差別化すること》という要求が満たされる。

12　このセリー音楽のもともとのアイディアはヴェーベルン（Anton von Webern, 1883-1945）の《協奏曲》作品二四（一九三四年）に見られるが、その具体化はメシアン（Olivier Messiaen, 1908-92）の《音価と強度のモード》（一九四九年）によって試みられた。この作品を前段階として、フイヴァールツ（Karel Goeyvaerts, 1923-93）の《二台のピアノのためのソナタ》（一九五〇―五一年）やブーレーズ（Pierre Boulez, 1925-2016）の《二台のピアノのための構造Ⅰ》（一九五二年）などの代表作が書かれた。アドルノは、一九五一年の夏季講習でフイヴァールツの作品を聴いて強い不満を抱いたことがきっかけで、セリー音楽を取り組むべき問題として認識することになった。

13　この点はマーンコプフが指摘するとおりである。「［『新音楽の老化』において］セリー主義は、単純に拒絶されるのではなく、内在的に矛盾していることが示される」（Claus-Steffen Mahnkopf, "Adornos Kritik der Neueren Musik," in: Richard Klein und C.-S. Mahnkopf (Hrsg.), *Mit den Ohren denken. Adornos Philosophie der Musik*, Frankfurt am Main: Suhrkamp, S. 251-280, 253）。

14　《ピアノとオーケストラのためのコンサート》というタイトルは英語では"Concert for Piano and Orchestra"と表記される（ソロ楽器とオーケストラによる「協奏曲」を意味する"Concerto"ではない）。これは、ピアノだけでなくオーケストラの各楽器もソロ楽器として独立して演奏されることを意味している（白石美雪『ジョン・ケージ――混沌ではなくアナーキー』武蔵野美術大学出版局、二〇〇九年、二二一頁参照）。

15　GS 16, 494参照。アドルノの遺稿集のひとつとして出版された『クラニヒシュタイン講義』の編者注には「アドルノはディヴィッド・テュードアの演奏で一九五八年三月にケルンでこの作品を聴いた」（Theodor W. Adorno, Kranichsteiner Vorlesungen, in: *Nachgelassene Schriften, Abteilung IV*: Bd. 17, Klaus Reichert und Michael Schwarz (Hrsg.), Frankfurt am Main: Suhrkamp, 2014, S. 608）とあるが、三月ではまだニューヨークでの初演もされていないため、この編者注は誤りであると考えられる。

16　この点については白石のつぎの発言が的確にまとめている。「《ピアノとオーケストラのコンサート》では、唯一の時間、すなわち諸々の音現象を一定の型を持つ必然的、統辞的な連鎖にまとめあげる線状の時間は存在しない。さまざまな音現象は構造を持たず、客観的時間の序列からも解放され、前後が決定不可能な状態で連鎖していくのであって、いわば純化された「できごと」としての音、音群が共時的、空間的に共存しているのである」（白石『ジョン・ケージ』二三七―八頁）。

17　ボワシエールはアドルノにとってのケージの無視しえなさを的確に捉えている。「ケージの音楽は意味の危機を極限まで引き受け、そうして事実の上でも権利の上でも、作品における意味の否定という本質的な問題を提出する。そのかぎりで、アドルノはケージの音楽を真剣に受けとめる」(Anne Boissière, *Adorno, la vérité de la musique moderne*, Villeneuve d'Ascq: Presses universitaires du Septentrion, 1999, p. 114)。それに対して、マーンコプフはアドルノにとってケージはまったく重要ではないという極端な見解を取っている(Mahnkopf, "Adornos Kritik der Neueren Musik," S. 252)。しかし、この見解は、アドルノがケージの《ピアノとオーケストラのためのコンサート》から受けた衝撃を不当に過小評価している。また、庄野は、アドルノがケージの音楽を自らつくり出した概念の下に「包摂」しようとして結果的に自らの認識の限界を暴露している、という見解を取る(庄野進「聴くこととしての音楽――ケージによるアドルノ批判」『現代思想』第一三巻第五号、一九八五年、一二八―一三九頁、一三四頁)。これはマーンコプフの見解とは真逆の解釈と言ってよいだろう。しかし、アドルノの議論は、ケージの音楽を不定形音楽として捉えようとしたのではなく、ケージから引き出した問いに応答するかたちで不定形音楽の構想を練り上げた、と言うべきである。

18　アドルノによれば、動機・主題労作と調性の関係は、従来は意識化されておらず、シュトックハウゼンを代表とする戦後の音楽理論の発展によってはじめて明示化された。「主題労作でさえ、もっとも広い意味で言えば、こんにちでは(…)調性的な側面を示している」(GS 16, 499)。

19　無主題的音楽の特徴については、石田一志『シェーンベルクの旅路』春秋社、二〇一二年、一三一頁参照。

20　「不定形音楽への視野は、一九一〇年ごろにすでに一度開示されていた。(…) しかし、この時代を出発点としてその後まもなく、不定形音楽へ向けたアプローチはいくらか逸らされてしまった。すでに《幸福な手》は、《期待》とは反対に、ある種の再現部を含み込んだかなり確固とした表層構造を用いている(…)。(…) こうした表層構造は、再現部をもたずにアップゲザングに基づいて作曲された《期待》の理想を押し戻してしまっている」(GS 16, 497)。一九一〇年ごろの芸術に対するアドルノの見解についてはさらに、本論文集所収の伊藤論文の第一節およびそこに付された注六も参照のこと。

21　「不定形音楽こそが、修正を受け付けず譲歩もしない自由の理念に新たに立ちむかうのでなければならないだろう。

しかし、それは、一九一〇年ごろの様式の再現としてではない」(GS 16, 498)。

22 「不定形音楽について私が抱くイメージを明確にするためといえども、私は、無主題的なものというプログラムも(…)何かこれに類するものも、提供することはできない」(GS 16, 496)。しかしながら、不定形音楽と無主題的音楽の短絡的な同一視を戒めるこうした発言をアドルノがあえて残しているということ自体が、両者の内容的な近さを暗示しているとも言えるだろう。

23 もちろん、そうした継承すべきアイディアは、そのままで適用可能な処方箋などではないし、立ち返るべき権威でもない。「不定形音楽の名のもとに、主題的・動機的なものを作曲行為から失われえないア・プリオリとして復古させるなどということはすべきではない」(GS 16, 524)。

第5章　アドルノの音楽的経験と前衛音楽の音楽思考について
――「部分全体」概念を手がかりに

西村紗知

1　はじめに

二〇一七年三月一八日東京で、エーバーハルト・オルトラント氏（ヒルデスハイム大学）の講演会「アドルノにおける美的・道徳的・哲学的経験」が開催された。氏はアドルノの著作における経験概念を精査し、その上でアドルノがいかに美的経験を、道徳的経験、哲学的経験の規範としているか、議論を展開した。この講演のなかでもとりわけ重要視されていたのが、アドルノの音楽的経験であった。氏は他の経験の基盤となるところの音楽的経験について、次のように言及した。

アドルノの音楽的経験とは、なによりも――これは彼の論理的なカテゴリーの理解にとっても根本的なことなのですが――音楽作品における部分と全体の関係を経験すること、さらには音楽的な形式進行の内部において連関を作ったり対比を際立たせたりする際に重要なほかのさまざまな関係規定についての経験をすることなのです。[1]

一般にクラシック音楽と呼ばれるジャンルに関して言えば、音楽を経験するということ、つまり単に聞き流すのではなく、程度の差はさておき音楽教育を施された耳で聴くということは、おおよそ上記のようなことを言うのであって、これ自体が何か新しい示唆を含んだものとは言えない。ただ、音楽的経験をはじめとする美的経験が、他の道徳的あるいは論理的経験において鍵を握るという観点は、アドルノの著作を批判検討する上で、実りある成果を上げるための方向性を指し示す意味で重要なものである。しかしその横断的な検討作業にいざ取り掛かるとなると、それでもやはり音楽的経験の精査を避けて通ることはできないということになるだろう。一般に「音楽的経験」について、ことさらに精査される機会はあまり多くは無いが、〈アドルノの音楽的経験〉について検討するとなれば、ただちに以下の二つの論点を挙げることができるだろう。一つは、そもそもアドルノの音楽論において、音楽作品の部分と全体の関係を経験するとは具体的にどのようなことととされているのか、という点であり、もう一つは、アドルノの同時代の音楽作品に対して、アドルノのテクストから要請されるような、部分と全体の関係を経験することは実際に可能だったのか、という点である。

それら二つの論点は、いわば基礎と応用というかたちでもって結びついているものの、問題提起としてはやはり、後者の「同時代の音楽作品に対して」という論点が拡がりをもっている。例えば『新音楽の哲学』というテクストからも、同時代の音楽作品を部分と全体の関係として経験することの不可能性という観点は明示的である。このテクストの主要な主題は、「音楽的経験の危機」というものだった。これは創作する側と聴取する側、両方の危機としての側面をもつ。『新音楽の哲学』では、おおまかに言えば、前半の「シェーンベルクと進歩」の章で創作の危機を、後半の「ストラヴィンスキーと復古」で聴取の危機の問題を論じている。進展する素材支配により失われた音相互の関係、人間一般が記憶を保持しがたいといった精神状況、各々が要因となってA・シェーンベルクとI・ストラヴィンスキーというある種対照的な作曲家の作曲状況に、ある共通した問題が生じていると診断を下す。それは「音楽的時間の解離（Dissoziation der musikalischen Zeit）」[2]である。「音楽的時間の解離」とは、音楽聴取における時間意識を主観が積極的にまとめあげることができない状態のことを言う。こうして「音楽的経験の危機」は、「音楽的時間の解離」として言明される。

『新音楽の哲学』以外にも、「音楽的経験の危機」についてアドルノが問題意識を露わにしていることがわかる資料がある。それは『新音楽の老化』に端を発する、同時代の作曲家たちとの議論の痕跡が散見される著作や、実際の議論の記録である。最も顕著なのは一九六六年のダルムシュタット国際現代音楽夏期講習会において開かれた「新音楽における時間」[3]と題された会談の記録だろう。この頃は、アドルノの表現を借りれば「音楽的時間の解離」以降ということになるが、前衛音楽の領域では、五〇年代のトータル・セリーの厳密な運用のいくつかの試みを経て、それぞれの作曲家の立場で音楽の形式をこれからどうしていくのか、実作をともなった思索が繰り広げられていた。この会談もまたそうした潮流の最中にあって、記録にはアドルノ、G・リゲティ（作曲）、R・シュテファン（音楽学）、H・ブリュン（作曲）、W・ローゼンベルク（音楽批評）の五名が参加したとある。そしてこの会談のなかで、アドルノがまさに「部分全体」という概念を口に出す場面があった。

部分全体です！　今日要求されていること、つまり動機・主題的思考から解放されるというのは、私にはとても困難です。というのも個々の出来事というもののもとではやはり（…）何らかの動機のようなもの以外のものを想像するのは困難です。つまり、部分全体、想像上の部分複合体、これはそれ自体ですでにどことなく傾向のようなものをもっています。[4]

これはシュテファンの質問に対する応答である。上記発言より前にアドルノは「音楽上の個々の出来事(musikalisches Einzelereignis)」という概念を説明に用いており、音楽上の出来事とは具体的に何を指すのかとシュテファンに問われたため、「部分全体」という別の概念に言い換え、それに加え「動機・主題的思考からの解放」が困難であると告白するのである。

この告白からアドルノに対して致命的となる悪印象を受け取ってしまう人もいるだろう。同時代の音楽作品に対して、アドルノのテクストから要請されるような部分と全体の関係を経験することは実際に可能だったのか、という論点がすぐさま否という回答を得てしまったかのように思われるのであるから。動機・主題的思考以外の音楽思考のツールをアドルノが持ちえなかったとしたら、それではアドルノの音楽論、とりわけ動機・主題的な試みをとっくに放棄したというトータル・セリエリズムやそれ以降の作品に対する論考を読む意義は本当にあるのか、そうした作品に対してはアドルノは音楽的経験をなしえなかったのではないか、という疑いが生じるからである。

しかし「アドルノは同時代の音楽作品を経験できなかったのだ」という判断はあまりに早急である。アドルノの音楽論においてそもそも音楽作品の部分と全体の関係を経験するとは、具体的にどのようなこととされているのかという基礎にあたる点を、まだ検討していないのだから。それにアドルノ自身が経験できたかどうかということと、アドルノのテクストから要請されるようなものが可能かどうかは区別すべきであり、重要なのはアドルノのテクストから要請されるものである。すると、無益なアドルノの人物研究に陥らずにすむどころか、アドルノが取り扱っている事柄をもう少し広い視点で、例えばアドルノ以外の理論家がどう捉えたのかという論点が生まれてくるのである。

さて、本章では三つの問いを設定し、この「アドルノの音楽的経験」について考察していく。

問1：音楽作品に関してアドルノのいう「部分全体」とは何か、「部分全体」でもって音楽を考える（分析する）とはどういったことを指すのか。（第2節）

問2：音楽作品における「部分全体」の危機は、トータル・セリエリズム以降作曲家や音楽理論家によりどのように示唆されていたか。（第3節）

問3：「部分全体」でもって音楽を考える（分析する）ことは、トータル・セリエリズム以降の作曲家や音楽理論家にも可能であったのか。（第4節）

三つの問いの設定について補足する。これは部分全体というキーワードで、ともすれば多様性という一言で括られて終わってしまう五〇～六〇年代の作品を、アドルノのテクストからの視点で捉え直すための作業である。そして筆者としては、アドルノのアイデアが優位にあるなどと主張するつもりはない。そうではなく、「音楽的時間の危機」が生じてこれを乗り越えようとする過程を、アドルノのテクストとは違う場所で起こった出来事にも見出すよう試みたいのである。

そしてこれら三つの問いへの応答は、アドルノの音楽論を読む意義を実践的に再考する作業である。本章では他の章の論文と異なり、微細なテクスト分析の方法はとらない。そのかわり、従来日本におけるアドルノ研究であまり着目されてこなかった、アドルノと同時代の音楽家との接点を明示すべく、筆者の理解の及ぶかぎりで譜例を掲載する手法をとる。その手法がそのまま実践的といえるのか、読者によっては瑣末だと思う者もわずらわしく思う者もいるだろう。しかし、日本の音楽学、あるいは現代音楽領域において長らく抑圧されるか回避されるきらいのあったアドルノの音楽論へ、なんらかの接続点を見出したいという意図が本章には含まれている。

2　音楽作品に関してアドルノのいう「部分全体」とは何か、「部分全体」でもって音楽を考える（分析する）とは、どういったことを指すのか（問1）

アドルノのいう「部分全体」とは、音楽作品を構成する音、動機、楽節のことである。これらは音が動機に、動機が楽節にといったレベルの異なる「部分」への傾向をもち、やがてそれらのまとまりとしての「全体」を志向する。しかし音はそれ自体で何らかの傾向をもつわけではない。「全体」の中にあってこそ、その全体に則した傾向をもつのである。部分全体の傾向性という契機は、かつて調性が撤廃されるより前には和声進行で確保されており、この限りで部分全体がわざわざ問いに付される必要もなかった。部分全体は作曲家の書法という事柄にひきつければ、論理性という契機に言い換えることができる。傾向性と論理性とは、同じことの両面であっても考える際には切り分けるべき契機である。ある作品の内部で、とある部分がかくかくしかじかの傾向をもつと想像されても、作曲家の書法がそれに沿うかどうかは不確定である。論理性は、ともすれば作曲家ごとに異なるという意味で個別的であり、新たな傾向性へと塗り替える可能性が常にあるという意味で未来志向である。傾向性は、作曲家の論理性次第で危機にさらされてしまう。

こうした「傾向性」「論理性」といった契機は、これを読み取って知覚すること、すなわち音楽分析の際に外在化する。しかしここで注意すべきは、アドルノにとっては音楽を分析することと、音楽を聴取し体験することとは、分かちがたく結びついているということだ。「生き生きとした経験に対して音楽が開かれるのは、分析を通してである」[5]。傾向性と論理性は「生き生きとした経験」、つまり作曲家の側ではなく、聴取し分析する側の、それも譜面上だけに尽きることのない経験ですくい取られる。持続して体験されその時点では分節化されていない音楽を、どのように分節化するか、どのように「部分」を取り出すか、聴取はこうした問いを同時的に解消する。よって「部分」は常に動的な流れにさらされ、そうであっても適切に「部分」を取り出さねば、「全体」もまたありえない。音楽は時間芸術であるがゆえ、記憶でその都度留めなければ存在できない。適切に「部分」を取り出すという分析は作品に則して行わなければならない。しかしそもそも、どうすれば作品に則して分析したことになるだろうかという問いから出発しているのであれば、作品に則した分析というものはすぐさまジレンマに陥る。そこで他の作品、とりわけ過去の作品との類似性、形式という切り札が必要とされる。「こうした作品であれば、これを部分とみなすのが適切である」という他の作品の経験が生きてくる。こうして、傾向性と論理性に加えて「歴史性」という契機が、部分全体にとって重要となってくる。

「部分全体」の構成要素となる契機は、傾向性と論理性そして歴史性である。他にもアドルノの言う「部分全体」を把握するにあたっては、還元主義の立場をとるシェンカー理論との類縁性も助けとなる。シェンカー理論を、とりわけベートーヴェンの作品への適応度に鑑みてアドルノは評価している[6]。アドルノはシェンカーによる根源的旋律線への過度な還元主義を批判しているが、これはアドルノが還元されえない音への感度を常に持とうとしていることに由来する。それでもシェンカーを評価しその理論を敷衍するのは、これなしには作品全体における意義深い部分をすくい取れないからである。

L.v. ベートーヴェン　ピアノソナタ作品 31-2　30 〜 37 小節

アドルノは、還元されえない音への具体的な指摘を、一九六八年のラジオ講座「素敵なパッセージたち（Schöne Stellen）」というラジオ講演で行っている。最も理解しやすいのは、ベートーヴェンのピアノソナタ作品三一―二、第二楽章の二七から三八小節目の例である。三二〜三三小節目の右手の旋律には、三六〜三七で繰り返されるとき、ハ音が加えられている。三〇〜三七小節目の譜例を示す。

この些細な音の追加に、アドルノはベートーヴェンのこの作品における重要性をみてとる。跳躍する音程で構成されたメロディーに二度進行の音が加わると、歌うような、語るようなニュアンスがここに付与される。アドルノ曰く「人外のような主題が人間化されている」[7]。しかしこの音の追加は、単に変奏の技法の巧みさといったことに尽きるのではないという。この音に「大地に返された者の涙」[8]などと、『ファウスト』第一部にある文言をアドルノに借用させるほどの表現が可能となるのは、上記譜例の三〇小節目にもある、作品全体を通じて左手の低音部で鳴っているオクターブの音型があるからだという。オクターブの音型の重苦しい深刻なニュアンスと、追加された音との相互作用が指摘されている。

この例にあるような音楽的経験が、アドルノにとって規範的なものであると言ってよいだろう。この例から、アドルノはやはりディレッタント（好事家）として素朴な感性で音楽を語っているのではと邪推する読者もいるだろう。もちろん、ここまで自明な部分全体の例はそう多くない。部分全体のアイデアは新音楽への言及の際にも用いられ、議論の道具立てとしての有効性を保持し続けたまま、その内実はいくばくか不明瞭になっている。

特に、音型上の類似という基本的な要素、そして部分相互の関係付けの方法論とが問題含みとなる。例えばシェーンベルクの作品一九のピアノ曲に対して、冒頭四小節の譜例について次のように言及する。

> 最初の両動機間には確かに休符がある。この休符は、これ以降新しいフレーズが始まるのだと言っているようである。新しいフレーズの始めは最初のフレーズの終わりの縮小である。しかし聴いている者はそのことをあてにすることはできない。縮小や先行するものとの関係を把握するには、聴いている者はつながっているものに完全に身を委ねなくてはならず、すでに聴いたものとの単純な類推をしてはならない。すべての新音楽はそのことを禁じている。[9]

この主張は聴き手に対する教育的な示唆を、多少極端なかたちでなすものであり、とりわけ部分全体の「論理性」の把握の困難さを指摘するものであるが、それにしても検討すべき箇所が多い。上記引用を具体的に説明するよう試みる。まず、「ここから新しいフレーズが始まると思わせるような休符」というのが、どれのことかわからない。「最初の両動機」も同様である。

フレーズの切れ目としての休符というと、選択肢は二つある。二小節目の一拍目の八分休符か、三小節目の一拍半分の休符である。ここですでに読者は、音楽のどこを部分となすか決断を迫られる。「確かに休符

A. シェーンベルク《6つのピアノ小品》作品19第1番　1～3小節

がある（zwar eine Pause）」といっているのだから、一拍半分の休符は、選択肢としては取り下げるべきかもしれない。しかし「これ以降新しいフレーズが始まる」、つまり音楽の展開として何か新しいものが始まるのは、一拍半分拍分の休符を挟んだ後のほうではないか。八分休符一つだけでは、息継ぎをするくらいの切れ目ではあっても、新しいフレーズの始まる位置を示唆するとまで言えるのかどうか。いずれにせよ日本の音楽教育において、ごく基礎的なレベルで理解されている「縮小」とは、同一音程の動機を音価上「縮小」することなのであるから、その意味での縮小は存在しないように見える。確かに、聴き手が拠り所とするものは存在しないのである。なにぶん拠り所がないので、「ここまでを部分としたい」という欲求もなかなか湧いてこない。

　それでも、アドルノが、縮小というかたちをとって先行するものとの関係付けが成立しているとはっきり断言している以上、単純に類推できないようなしかたで縮小は存在するのである。となると、括弧つきの縮小というのを考えねばならない。もはや縮小とは言えないのではないかというところまで、縮小ということの意味を拡張させねばならない。

そもそも分析で縮小を見出すというのは、往々にして譜面の上で行われる作業である。これは視覚的な行為である。あるいは、譜面を見て考えずにすむ場合には、「これはしかじかの音型の縮小である」という作曲家の書法を率直に聴き取ることである。縮小を単純に譜面から見出すことも、作曲家の書法にも従うこともできないとなると、「つながっているものに完全に身を委ねなくてはならない」という状況を具体化させるしかない。「完全に身を委ねる」のである。聴覚で分析せねばならない。譜面という視覚的な仕掛けに騙されてはいけない。

そうすると、譜面の上段と下段で分けるという前提を、無意識のうちに持っていたことに気付く。この認識を捨てるとどうなるか。一小節目の二拍目に、ヘ―（ト）―嬰ヘという音型があることに気が付き、これが二小節の一拍目イ―変ロ―イの音型と縮小の関係を持っているのではないか、という考えに至る。さらに同様に、二小節目の二拍目に嬰ヘ―（ロ）―嬰ニという音型を、三小節目二拍目の上段のロ―ホ―イの音型に縮小されている、と考えるようになる。

もちろんこれは一つの仮説にすぎない。しかしこれで、縮小音型を分析で抽出したことになるのだろうか。音楽分析の正しさということ自体が、保証されず疑わしいものとなっている。部分全体の論理性あるいは傾向性を、かつての音型の縮小というものを拠り所にしてつかもうとすれば、歴史性への依拠を避けられない。この場合にはむしろ、「その作品の歴史性をこのように理解せよ」という要請すら生じてしまう。荒っぽい言い方をすれば、わかる者だけついてこい、ということだ。

それに、こうした分析をして「部分」の方はともかく、「全体」概念はどうなってしまうのか。しかしこうした疑わしい部分相互の関係性こそ、アドルノの示唆する望ましいかたちでの部分全体なのかもしれない。というのもこれが、全体が図式から解き放たれるということの一例だからである。部分から直接導き出されえない全体、そもそもどれが部分かわからないがゆえに全体もまたわからず、しかしそれでも部分と全体の関係が成立するという、容易くは存立し難いこの作品の実情が、アドルノの分析から示されている。

こうして、アドルノのいう部分全体概念は基本的には基本的な音型の類似と、この類似から外れたときの音楽のニュアンスへの感覚に支えられているものの、「新音楽」以降となると、かえって部分相互の関係の不明瞭さを示すための道具立てとして機能しているといえる。これはこの後の記述にとって意義深いものであるが、部分全体という概念は、アドルノが記述するかぎりでも、すでに部分偏重かつ全体破棄志向を含んでいたのである。

3　音楽作品における「部分全体」の危機は、トータル・セリエリズム以降の作曲家や音楽理論家によりどのように示唆されていたか（問2）

問1で「部分全体」の構成要素となる契機は、傾向性、論理性、歴史性であると確認し、「新音楽」の部類の作品であるシェーンベルクの作品一九を例にとり、歴史性への依拠なしには部分全体というアイデアで音楽を捉えることはままならないことを例示したが、これに対して、「新音楽」のシェーンベルク以降の発展を担ったダルムシュタット国際現代音楽夏期講習会に参加していた作曲家にとっては、むしろ歴史性こそ作曲の足かせだったようである。新たな論理性の探究の上で、作品内部の傾向性は新しい局面に突入し、歴史性の消去が志向された。歴史性が生み出す傾向性を、個々の作曲家の論理性が拒むかたちとなった。

歴史性の消去とは、例えば調性の残滓を消すことである。これはトータル・セリエリズムという音楽思考の中で顕著な傾向であった。その際度々やり玉に挙げられることになったのは、音を組織化する古い方法である組曲を、十二音技法に採用していたシェーンベルクであった。リゲティは「音楽形式の変化」（一九五八年）のなかで、「シェーンベルクは音楽の実体を根本的に刷新したにもかかわらず、そうこうするうちに消滅していった発展形式を保持しようと努め、それにより時間経過の空間化を少なからず遅延させたのだったが、ヒエラルキー的形式のあらゆる残滓が追放されてからは、もはやこの傾向をくいとめることはできなかったのだ」[10]と記述している。このときリゲティは、自身の電子音楽作品〈アルティクラツィオーン〉（一九五八年）のことも念頭に置いており、和声進行など前後関係の連なりによる音の組織化とは異なるものを模索しているのであった。当時は電子音楽の黎明期からさほど時間が経過しておらず、当時の技術でも実現しうるほどの音の傾向性を保証するものが必要であった。またブーレーズも「シェーンベルクは死んだ」（一九五二年）において、「彼［シェーンベルク］の建築法の大半を支配している前古典派や古典派の諸形式は、歴史的に見て十二音音楽上の発見とは何ら結びつきをもたないから、調性的な現象に関係づけられる下部構造と、いまだ簡略にではあるが組織化の法則の認められるような語法との間に承認し難い溝が生じる。（…）それらの建築法は新しい語法に含まれた組織化の可能性を根絶させてしまう」[11]といって批判している。

彼らのシェーンベルクに対する批判の要点は、十二音技法というアイデアが実際に形式形成の役割を果たしきれていないというところにある。彼らにしてみれば、十二音技法という書法を採用すれば、もっと別の内容の作品が形成されるはずなのである。他方シュトックハウゼンの場合もまた、シェーンベルク批判を通じてではないにせよ、セリーという書法に見合った内容を目指す。「群の音楽『ピアノ曲Ⅰ』リスニングガイド」（一九五五年）において、「どのように音が関連づけられ群のなかに現われるかという様態は、記憶に残ります。個々の音程だとか持続関係といった個別のことはあまり残りません。できる限り全ての要素が同じ強度で形式プロセスに加わるようになっていて、何かが支配的になってはならないのです」[12]という発言がある。「どのように音が関連づけられ群のなかに現われるかという様態」と言われるところの、新たな傾向性を実現するために、既存の傾向性の範疇にある個別のものをたどる聴き方を要請するような音楽が棄却されている。

彼らの批判や試みをある一つの傾向として捉えるならば、なるほどこうしたことがトータル・セリエリズムの内実ということになるのだが、彼らが、歴史性が消えるまで個々のものに分解された音を想定し、そこから新たに傾向性を獲得する作曲を目指していたということである。しかしこの際導入される論理性は、もはや傾向性と一体ではありえない。その論理性が適用されることが適切であるかどうか、判断できる人間がいなくなってしまう。新たな論理性のために、単なる部分となり歴史性を失った音は、点と群（シュトックハウゼン）、構造（ブーレーズ）、易経（ケージ）といった、音と関係を失ったパラメーターなどの、いわば上部構造としての全体に包摂されることとなった。包摂というネガティブな含意で、彼らの多様な試みを一括してしまうのは、それこそ包摂以外のなにものでもない。しかし彼らが音楽の新しい形式を、各々個人様式として提案していること自体、作品における部分と全体がやはり抽象的な、あるいは個人的な音楽思考によって模索されていることの証左に他ならない。

いったん、ある作品の部分と全体の関係について、その傾向性をはかることも論理性の正しさを判断することもできないというところまでに行き着いてしまったのならば、この作品の必然性に関する説得力や作曲の独自性は、破綻をきたすことになってしまう。実際このことに対して、可変的な形式の作品を念頭に置きつつ、リゲティは「フォルム」（一九六六年）で次のように批判している。「実際に実現された音楽が一義的乃至多義的な手本から生じたのか、或はテクスト拘束的乃至即興的に生みだされたものかという相違に対しては無差別的だという事実が説明される。つまり、手本の多義性が実際の音楽では保持されていないという事実が証明されるのである」[13]。作曲家がどういった論理性を駆使しようと、実際の傾向性に結実しないという事態に至るのである。

問1で取り上げたシェーンベルクの作品一九とくらべて、なるほどたしかにトータル・セリエリズムの綱領もまた、全体をかたちづくらないものとしての部分が想定されるというところまでは、部分偏重かつ全体破棄志向であると言えるだろう。しかし結果的にはかえって全体は強固な静態となる。リゲティの「手本の多義性が実際の音楽では保持されていない」という行き詰りに対する指摘、つまり論理性と傾向性の解離についての指摘は、のちにM・フェルドマンの「間範疇性」というアイデアまで尾を引いたように見える。フェルドマンは「間範疇性（Between Categories）」（一九六九年）において、音楽を「構築（construction）」と「表面（surface）」という切り口で思考する。「私には音楽の主題は、マショーからブーレーズにいたるまで、常にその構築であったように思える。旋律あるいは十二音の配列はそのますぐに生じるものではない。それらは構築されねばならない。リズムはどこからともなくあらわれるというものではない。それらは構築されねばならない」[14]とし、音楽の基本的要素が実際の時間上で展開されるという素朴な立場に立ち帰りつつ、それゆえ音楽の「表面」をイメージするのは難しいとしながらも、それでも構築と表面いずれかに偏ることなく、その間を目指すのだ、と意志表明を行う。「私は私の作品を、間範疇性として考えたい。時間と空間の間。絵画と音楽の間。音楽の構築と、その表面の間」[15]。理性と傾向性の解離という現実、どのような論理であっても同じような傾向に結実するという現実が、結果的にフェルドマンの作品に独自性をもたらし、構築という時間上で展開されるものを捨て切らないという彼の中道的な創作態度に影響を与えたのかもしれない。しかしもはや部分と全体の関係は、部分相互のいかなる関係性もきこえてこないほどに、長大な全体をたゆたう部分という新たな局面に入ったのであった。

4　「部分全体」でもって音楽を考える（分析する）ことは、トータル・セリエリズム以降の作曲家や音楽理論家にも可能であったのか（問3）

本章のこれまでの議論の流れを見て、「もう部分全体という概念は使用不可能なのだ」と説得されてしまう人もいるかもしれない。傾向性・論理性・歴史性がばらばらになってしまえば、もはや部分全体も成立しえないと考えることもできる。それに部分全体が破棄されなければ、フェルドマン作品の独自性も生まれえなかったのであり、破棄されたのちにいまさら部分全体で把握されるような作品を書くということは、退行にあたると考えることも不当ではない。しかしそれでは、部分と全体の関係の傾向性をはかることも論理性の正しさを判断することもできないというかたちで、聴き手の不在が放置され、ゆえに「この作品はこうでしかありえない」という説得力や独自性の到達へも当然影響を及ぼすはずである。さらに、そもそも音楽は時間芸術で時間が過ぎれば消え去っていくのだから、聴き手という音楽を捉える存在が不在であるという現実をままにしてよいという道理はないはずである。

こうして、作曲家たちが自身の創作の方向性をどうするか議論しているのとは別の場で、聴き手の不在という現実を乗り越えねばならないという要請が生じてくる。この問3では、「はじめに」で登場した音楽学者R・シュテファンの作品分析を紹介する。彼はその分析が掲載された『新音楽』（一九七三年）において、十二音技法以降の作品でも、音相互の関係付けの思考に基づく分析を遂行する。ただしこれは、調性と形式の残滓という発想を積極的に駆使しなければ、可能にはならなかった。つまり、部分全体の歴史性の復権が目指されているのである。シュトックハウゼン《ピアノ曲Ⅲ》を以下に概略する。歴史性が消去されるトータル・セリエリズム期の真っ只中の作品に、シュテファンはあえて調性分析を施す。これ以降、具体的にその過程を確認するが、まとめるとシュテファンは次の二つの結論を導き出している。
(1)確かに当該楽曲はトータル・セリエリズムのスタイルで書かれたもののように聞こえる。シュトックハウゼンは当時〈群の音楽〉という新しい形式感をもつものとしてこの作品を世に送り出したが、実際には三部形式である。
(2)調性分析が可能である。第五音の欠いた長三度・短三度の組み合わさった和音が多用されている。これを手がかりにすると、全体をホ長（短）調の箇所と、変ロ長（短）調の箇所に分けることができる。

シュテファンの作品分析の要約

確かに見たところ十二音技法の書法によるものと感じられるが、シュトックハウゼン《ピアノ曲Ⅲ》は厳密には十二音技法のものとは言えない、と『新音楽』でシュテファンは言う。理由がいくつか挙げられている。音列の観点から言えば、音の重複がすでに最初の小節から生じていることと、使用される音に偏りがみられることが挙げられる。また音高の観点から言っても、規則性がない。となると、形式の問題に関心が集中する。十二音技法の形式概念の範疇から外れているからだ。シュテファンはこれを、古くからある、三部形式の歌曲の形式であると分析する。

一〜四小節が第一部である。さらにこれを二小節ごとに前半と後半に分け、最初をシュトックハウゼンのメロディーに典型のものと指摘する。そしてさらにこのメロディーを前半後半に分ける（一小節と二小節）。他方三〜四小節目は一転して長い音価で構成されるが、和声上の構想が垣間見えるという。二小節目最後のホ音と合わせて考えれば、三小節目では長三度と短三度が同時に鳴っていることになる。四小節目の変ト音は移行部である。なお、三〜四小節目の、変ト音とホ音を中心とする三音のグループとの関係からは、

K. シュトックハウゼン《ピアノ曲Ⅲ》　全曲

ウェーベルンの作品二八を想起するだろう、と但し書きがある。こうして一～四小節は、区分化されて、リズムに特徴がある旋律は、発展し、リズム上際立つところのない和声的な複合体になる、といって締めくくられる。

次は、先に一三～一六小節の、第三部にあたる部分の分析に移行する。これは一～四小節と対応する。今度は右手の嬰イ音を変ロ音とみなし、同小節内の他の音と長三度、短三度を同時につくっているとシュテファンは考える。そしてこの嬰イ音は次の小節の、左手の方にある変イ音の係留音であるという。最後二小節の旋律断片は、リタルダンドになるようにつくられているという以外に、これといった特徴をもたない。とりたてて緊張をはらむものではなく、後奏に相応の旋律となっているという。

五～一二小節、つまりこれが第二部になるのだが、ここでも長三度と短三度が同時に鳴っている、つまり長調と短調の混ざった響きが聴き取れるとシュテファンは指摘する。こうした指摘から、イレギュラーなかたちであっても、調性分析が可能となる。五小節目はホ音が変則的ではあるが、変ロ長調のトニックの響き、六小節目はロ長調とロ短調、七小節目はヘ長調とヘ短調、八小節目は変ロ短調、九小節目は変ホ長調と変ホ短調、それぞれのトニックの響きをもつ。こうして変則的ではあれ、変ロ長（短）調の、トニック―ドミナント―トニック―サブドミナントの和声進行が確認されるとシュテファンは主張する。同様に分析し、一〇～一二小節は、E-A(a)-[cis]-H、ホ長調のトニック―サブドミナント―平行調のトニック―ドミナント、となる。

曲の全体を通じて、隠れているコンセプトははっきりしているという。シュテファン曰く、この曲は、自由な無調でしばしば行われていた長三度と短三度を同時に鳴らすという、調性の残滓を消すための取り組みを受け取っており、この複調のような性格が曲全体で貫徹されている。曲全体の動機とみなされるものが発見できないため、どのような調性が支配的となっているかという点で区分する調性分析の結果、変ロ長（短）調とホ長（短）調とに区分されることが判明した。これと同時に、ことあるごとにそのときどきの和声に付け加わっていた増四度の音の機能も明らかとなる。これは、変ロ長（短）調とホ長（短）調の間の増四度関係を示唆し、この二つの調が曲を通じて同時に鳴っている、というコンセプトを支えるものだったのである。

5　おわりに

最初に設定した三つの問いに立ち帰り、どのように回答されたか振り返って本稿の議論を閉じよう。

「問1：音楽作品に関してアドルノのいう『部分全体』とは何か、『部分全体』でもって音楽を考える（分析する）とは、どういったことを指すのか」について。部分全体とは音楽作品を構成する、音、動機、楽節のことであり、これ自体とりたてて注目すべきものとは言えないものの、全体に容易く回収されまいとする部分の所在を突き止めるための音楽分析のツールとして有用である。アドルノ自身の分析では、少なくともシェーンベルクの作品一九までは使用可能であった。しかしながらアドルノ自身には、全体に容易く回収されまいとする部分をそもそも作品が含んでいる場合でないと使用できなかったという指摘を、ここに付け加えよう。

「問2：音楽作品における『部分全体』の危機は、トータル・セリエリズム以降、作曲家や音楽理論家によりどのように示唆されていたか」について。もっぱらトータル・セリエリズムの側にある作曲家にとっては、新たな創作の可能性を拓くという意味で、部分全体の危機は避けられるべきというより、歓迎される事態であった。しかし結局六〇年代に入って、リゲティのように批判を展開させるものもあらわれた。フェルドマンの「表面」概念が、そのまま何らかの傾向性の再構築を志すものだったかどうかは、実際には今以上に検討が必要である。

「問3：『部分全体』でもって音楽を考える（分析する）ことは、トータル・セリエリズム以降の作曲家や音楽理論家にも可能であったのか」について。シュテファンは、トータル・セリエリズムの作品に、それが消去しきれなかった歴史性を言い当てようとしたという点で、アドルノのテクストからの要請をそのまま実行した音楽学者だったと言えるだろう。むしろ、アドルノによるシェーンベルクの作品一九に関する分析よりも、シュテファンのシュトックハウゼンの《ピアノ曲Ⅲ》についての解説のほうが、幾分論旨としては明瞭である。しかしシュテファンは、全体に容易く回収されまいとする部分の所在を突き止めることを行ったわけではない。よってその意味では、アドルノの部分全体への視座がそのままシュテファンのテクストに移植されたとは言えない。こうして調性分析という手法をとるということの正当性を保証するものも、調性分析をすべきという他者に対する経験の要請も、取り出すことはできない。それでもシュテファンの方法は、もしこれでシュトックハウゼンの意図しない部分と全体の関係を指摘したことになるのであれば、聴き手の不在という現実を真正面から受け止めたものだったと言えるだろう。

注

1　https://asthetischetheorie.jimdo.com/　杉内訳。

2　GS 12, 62.

3　„Internes Arbeitsgespräch (1966)-Zur Vorbereitung eines Kongresses mit dem Themenschwerpunkt »Zeit in der Neuen Musik«", in: *Darmstadt-Dokumente: Internationale Ferienkurse für neue Musik. I.*

4　A.a.O., S. 318f

5　„Zum Problem der musikalischen Analyse.", in: *Frankfurter Adorno Blätter VII*, S. 79.

6　A.a.O., S. 78.

7　GS 18, 708.
8　同箇所。
9　GS 15, 194.
10　„Wandlungen der musikalischen Form“, in: *die Reihe VII*, S. 15.
11　ピエール・ブーレーズ『ブーレーズ音楽論——徒弟の覚書』船山隆・笠羽映子訳、晶文社、一九八二年、二六九頁。
12　シュトックハウゼン『シュトックハウゼン音楽論集』清水穣訳、現代思潮社、一九九九年、六八頁。傍点は訳文ママ。
13　足立美比古、加藤就之訳「フォルム」『エピステーメー』一九七六年八＋九月号、朝日出版社、一六五頁。
14　„Between Categories“, in: *Give My Regards to Eighth Street*, p.83.
15　同書、p.88.

第三部　境界の解《ほつ》れと絡み合い

第6章　〈モンタージュ〉論から見るアドルノ美学
――モデルネ芸術と死の原理

鈴木賢子

アドルノは、一九二〇年代後半以降生じた歴史的推移、すなわちアヴァンギャルド芸術においてモンタージュに期待された批判・解放機能の弱体化、文化産業や全体主義によるモンタージュの略取といった顛末を踏まえて、モンタージュを両価的に捉えている。たとえば、第二次世界大戦のさなかにホルクハイマーと書き上げた『啓蒙の弁証法』（一九四七年）の「文化産業――大衆欺瞞としての啓蒙」においては、文化産業がもたらすイデオロギー強化、啓蒙の退化としての非合理性という一連の文脈の下で、「文化産業のモンタージュ的性格」（DA 187）[1]という言葉が用いられ、モンタージュが「概念」として批判的に使用されている。未完のまま残された『美学理論』（一九七〇年）に至っても、アドルノはモンタージュに対するこうした警戒を解くことはない。しかしながらモンタージュは、アドルノ美学の蝶番となるような概念であり方法論であるのではないかと筆者は考える。すなわち、モデルネ芸術が内在的必然性によって展開し、にもかかわらず／ゆえに芸術作品が自分のカテゴリー外のもの、芸術外のものと混淆することで芸術自体を破壊し拡張するという、アドルノの提示する芸術史における蝶番である。以下では、アドルノが描き出すモンタージュの諸相をとおして、アドルノの美学を再考してみたい。

1　精神の原初的動態としての「モンティーレン」

アドルノが未完成のまま残した『美学理論』の後記には、編者のティーデマンによって、第二稿執筆時にアドルノが書いた手紙の一部が引用されている。

問題はとにかく以下のことです。哲学的に「第一のもの」は存在しないという私の定理からすれば、［この『美学理論』では］議論の連関を一般的な順序で築き上げる（aufbauen）わけにはいかず、部分となるテクスト群（Teilkomplexen）をひとつに連ねて、全体を組ま（montieren）なければならないのです。この部分部分のテクストが、いわば均衡したまま、しかも或る焦点を共有する仕方で配列されつつ、同じレベル上にないといけません。［論理の］根拠帰結の流れではなく、それらの布置（Konstellation）がイデーを生み出さねばなりません。（ÄT 541）

それにしてもそれらの配置はどんどん変化するだろうに、その均衡と配置の「ジャスト」はいかにして正当化されるというのだろうか。自らの感性論の集大成として『美学理論』を書き上げようとする時期、アドルノの日々の艱難辛苦が伝わる文章である。だが同時に注目すべきは、「モンティーレン（montieren）」という言葉である。ドイツ語の動詞「montieren（＝工場などで部品を組み立てること、転じて、映像を編集すること、諸要素を組み合わせること）」はフランス語の「モンテ（monter）」から来ており、「モンタージュ（montage）」はそこから派生した名詞である。この引用箇所での「モンティーレン」の内実とは、依拠すべき概念装置やカテゴリーなしに、明示されていない焦点をめぐる諸部分の布置関係から或るイデーをもたらすことにある。この引用箇所では、漠然と人を表す不定代名詞の„man"や受動態で語られることで、主体としての書き手（＝アドルノ）の操作がぼかされている。あたかも各断片における諸概念がもつ力――アドルノなら沈殿した歴史的諸力と言い換えるだろう――が互いに引き合い反撥しつつ、或る全体を自ら描く、その力のメディウム＝霊媒としてアドルノが動かされているようだ。

テクストの断片と断片、断章と断章を組み合わせる方法で執筆されたアドルノの著作は少なくない。『ミニマ・モラリア（Minima Moralia）』（一九五一年）、「形式としてのエッセイ（Der Essay als Form）」（一九五八年）、「幻燈的映画論（Filmtransparente）」（一九六六年）など、雑作もなくいくつも挙げられる。[2] 本論考冒頭の引用部分には、アドルノの思考とその方法論の核となるようなものが平易な言葉で示されていると言ってよい。その思考スタイルはそもそもモンタージュに近しいのではないか。

だが、この論考で探求したいのは、思考における概念同士の布置のあり方についてではない。思考における概念の布置と、芸術作品における諸要素の構成を一括りにするのは慎重に避けなければならない。しかしながら、アドルノは「主観的に経験されかつ主観を凌駕する経験の核」を芸術が求める点で、真理内容において哲学と芸術が収斂すると述べている（ÄT 422）。

ならば、アドルノの言う「モンティーレン」を、芸術の技法として「モンタージュ」が実体化される前の精神の原初的動態として捉えてもよいのではないだろうか。諸要素が触発する精神の動態から、諸要素の布置あるいは配置が生み出されるのである。しかも、この原初的な精神の動態は、「現実というファサードや心理というファサードの背後にある歴史の布置（Konstellation）を捕らえ関わっていく」（ÄT 422）とされる。[3]では、芸術作品では「モンティーレン」、すなわち細部たる諸要素の布置はいかに行われるだろうか。

2　芸術による無意識的な歴史記述

アドルノは『美学理論』のなかで、パウル・クレーの《新しい天使》を取り上げている。この絵は、アドルノと緊密な関係を結んでいたヴァルター・ベンヤミンが長年所有して自室の壁に掛けていたものである。断片を残して未完成に終わった歴史哲学のなかで、「歴史の天使」のイメージを描写するために、ベンヤミンはこの絵に言及していた。《新しい天使》は、大きな目をもつ人間の頭と、手のようにも翼のようにも見える腕の部分、爪のある鳥のような三指の足をパーツに構成されている。アドルノは『美学理論』で、この《新しい天使》の図像と並べて、インド神話における半獣半人像を提示している。

ところで、哲学者でベンヤミン研究者のアガンベンによれば、《新しい天使》のイメージはベンヤミンの思想において、ダイモンあるいはユダヤ神秘主義の伝統における天使に関係させられていると言う。[4]図像化禁止（Bilderverbot）の戒律が厳しく守られたユダヤ教文化の下においても、図像が絶対禁止だったわけではない。図像化禁止が意味するところは、不完全な表象である偶像によって絶対者すなわち神を模倣してはならないということであり、したがって、神的なもの・超越的なものを表象するために、経験的なものの諸要素が組み合わせられ図像が作られたのだった。[5]それと同じような仕方で《新しい天使》は現実に存在するものの断片から構成されている、とアドルノは考えているのである。

> クレーの《新しい天使》はインドの半獣人の形象と同様に、驚きを引き起こす。真正の芸術作品においては、存在しないなにかが現れ出る。（ÄT 127）

> 存在することのないものは、存在するものの断片によって芸術作品へと媒介され、芸術作品はその断片を集めて、アパリツィオン［出現、天象、幽霊（の出現）］を生じさせる。（ÄT 129）

芸術作品は、「存在しないなにか」すなわちイメージ化できないものを、その否定性において「アパリツィオン」として出現させる。アドルノは、この仮象生起のプロセスを真正な芸術の目印としている。だが、芸術作品における「存在しないなにか」とは、まだ見出されておらず求められるべき項、思考の焦点といったニュートラルなものではない。芸術作品は、敗れたもの、抑圧されたものの無意識的な歴史記述であると、アドルノは『美学理論』でなんども繰り返し述べている。いわば芸術には歴史の救済という位相が与えられているのである。

> ［芸術がもたらした産物である］芸術の客観は、経験的現実の諸要素をそれ自身の内に含むとともに、それらを置換し、バラバラにし、自分自身の法則によって再構築したものである。

クレー《新しい天使》

（…）客観の優位が美的な場面で確保されるのはただ、敗れたもの、抑圧されたもの、ひょっとすると可能かもしれないものの無意識的歴史記述、つまり、それらのアナムネーシスという芸術の特性においてのみである。（ÄT 384）

しかし芸術が、積み重ねられた苦痛の記憶を振り落としてしまうなら、芸術は歴史記述としてなにものであるだろうか。（ÄT 387）

芸術において構成されるもろもろのイメージは、「苦痛の記憶」すなわち歴史のトラウマを帯電している。そのトラウマの源に、認識による同一化から排除された他者がいる。芸術はそれ自体で美的に「無意識的歴史記述」あるいはアナムネーシス（想起）となり、他者すなわち抑圧されたものの声を語らしめることによって、芸術における「客観の優位」は確保される。[6]

アドルノは、主観による無意志的な経験が「現実というファサードや心理というファサードの背後にある歴史の布置（Konstellation）を捕らえ関わっていく」（ÄT 422）と述べ、明らかに芸術作品の解釈を精神分析とのアナロジーで捉えている。芸術の「無意識的歴史記述」については、そのアナロジーを用いればいくらか理解しやすくなるだろう。精神分析においては、徴候あるいは症状としての行動化ならびに夢に浮かび上がってくるイメージ諸断片、それらを生成せしめた置換と圧縮を読み取り、それら相互の関係を再構成することによって、直接イメージ化できない無意識の潜在思考へと接近する。芸術作品においては、諸要素の構成からイメージなきものの影が突如として立ち上がる。

解体と出現が同時に起こる場である芸術作品は、イメージなきものの影すなわちアパリツィオンとして、抑圧されたものを現象させる。芸術には精神分析と同様に、世界への太古的なミメーシス、つまりトランス状態となって理性が放棄され、諸霊の声を聞き取る霊媒の技術――言い換えると、無意識的なものに接近する霊媒の技術――の名残があるのである。

3　〈構成〉とモンタージュ

客観性の美学を標榜するアドルノ美学において、「客観の優位」は綱領となる概念である。すなわち、モデルネ芸術の歴史的展開においてモンタージュを考えようとするのならば、客観の優位がアドルノによってそれぞれの段階でどのように配され、どう語られているのかに注意する必要がある。そうした観点から見た場合、二〇世紀前半のアヴァンギャルド芸術における〈表現（Ausdruck）〉と〈構成（Konstruktion）〉という概念はそれぞれ、客観の優位をめぐって配置され語られていると考えてよいだろう。

混乱を避けるために予め指摘しておきたいのは、このレベルで〈構成〉は、細部を組み合わせて作品を組織化することを意味しているだけでなく、むしろモデルネ芸術特有のアクセントにおいて語られている、ということである。さしあたりアドルノは『美学講義（一九五八／五九）』において、二〇世紀初頭に現れた表現主義を皮切りに、芸術史における〈表現〉から〈構成〉への移行として両者の関係性を説明している（Ä58/59 96–103）。[7] 表現主義は、「後年シュルレアリスムにおいて自動記述と呼ばれた」（Ä58/59 98）ような仕方で、精神や感情の純粋な直接性を記録しようとした。だが、それゆえ表現主義は表現の客観化不可能性という袋小路に入り込む。そうした表現主義の行き詰まりから〈構成〉が要請された。モデルネ芸術において〈構成〉は、与えられた形式を拒否して素材自体の論理にしたがうという内在的純粋性を追求する。強いて挙げるとするならば、たとえばカジミール・マレーヴィチのシュプレマティスムはこうした〈構成〉の辿り着いた一つの到達点として考えられるだろう。しかしながら、〈表現〉と〈構成〉は歴史的な諸段階であると同時に、モデルネ芸術に備わった志向の両極として、互いに弁証法的な関係にある（ÄT 452）。モデルネ芸術におけるモンタージュは、『美学理論』においてはひとまず〈構成〉に緊密に結びつけて語られる。

美的な構成原理、すなわち、ミクロ構造におけるもろもろの細部とその連関に対する計画的全体の際立った優位は、［破壊された有機的連関の］補足物を成している。そのミクロ構造という点から見れば、新しい芸術はすべてモンタージュと言っていい。（ÄT 233）

ここでは〈構成〉における計画的全体の優位が明言され、細部構造の連関のありようがモンタージュの名で呼ばれている。一見、モンタージュは下位区分か方法として〈構成〉に包摂されているかのように見える。だが子細に眺めると、どうもアドルノはモデルネ芸術における〈構成〉の限界を見てとり、モンタージュによって打開したいようだ。

［新聞の切れ端を貼り付けるピカソのコラージュに由来する、モデルネ芸術のモンタージュにおいて］このような経験の残骸は、そのもともとの連関から外化し、内的な構成諸原理のもとにはめ込まれる。それと同様に、芸術自身は純粋な内在性という欺瞞を爆破する。芸術は、生の素材に目に見える形で譲歩を行うことによって、精神が――つまり思想だけでなく芸術もが――自分が関係を持って語り出させ

たいと思う他者に対して犯したことのいくばくかを償いたいと思う。これこそが、諸芸術のフェアフランズング（Verfransung）にまで至りハプニングになったモデルネ芸術の、意味を喪失し意図を敵視するという契機の規定可能な意味である。このことによって（…）むしろ芸術の否定すら芸術自身の力で吸収しようとしているのである。（ÄT 383）

しかしながら意味を否定する芸術作品は、その統一においてさえ破砕された状態でなければならない。これがモンタージュの機能である。モンタージュは、強調された諸部分の解離性によって統一を否定し、同様に形式原理として統一をふたたびもたらすのである。（ÄT 231f.）

〈構成〉が素材の論理に従って内在性を極めることにかまけて、〈表現〉が解放できるはずだった素材に沈殿する「苦痛の記憶」を抑圧してしまうならば、〈構成〉において目指される「純粋な内在性」こそ虚偽へと反転する。上記の箇所では、構成原理において素材の論理から細部が組織化されるがゆえに純粋だと考えられていた芸術の内在性が、欺瞞として批判される。モンタージュは、〈構成〉における組織化の様態の一つのヴァリエーションであると同時に、〈構成〉の「純粋な内在性という欺瞞を爆破する」。つまりモンタージュは、芸術作品における客観の優位を確保しようとするために生ずる〈表現〉と〈構成〉の弁証法的両極性において、その緊張に耐える位置づけを与えられている。そのような位置づけゆえに、戦後の現代芸術に顕著に見いだされる「フェアフランズング」——ジャンルのクロスオーヴァー——の「原現象」（KK 450）となるのである。

モンタージュの際立った特徴は、第一に、経験的現実の残骸を異物として取り込むことである。その際に

〈構成〉とは逆向きに、外部すなわち経験や記憶への参照関係は維持される。第二に、持ち込まれた諸部分の解離によって統一ならびに意味連関を否定し、意味の否定のさなかで意味を表出することである。それゆえモンタージュは、現実からの解放機能や文明の抑圧への批判能力を獲得する。

前章で述べたように、歴史に媒介された素材すなわち諸要素に沈みこんでいる「苦痛の記憶」を掬いとり、その声を聞き取るということがアドルノの考える芸術の本懐であった。〈構成〉は作家が素材と向き合い徹底して彫琢することによって、類比的ではあれ道具的理性の操作性と接近する側面がある。つまり〈構成〉は、素材が歴史的に媒介され他者の苦痛の痕跡を帯びていることをどうしても抑圧してしまう素質を有している。一方、モンタージュには、異質な諸要素を衝突させることによるショック機能ばかりでなく、諸要素を作品内にアーカイヴすることでそれらと現実とのつながりを保ち、その記憶を保存する機能がある。[8] モンタージュは〈構成〉をサボタージュすることによって、作品をガタガタにしながらその意味連関を破砕する。かくして、モンタージュは芸術の純粋性をイデオロギーとして批判し、芸術概念そのものを解体するに至る。芸術は償おうとした他者（ÄT 383）を、自己破壊によって語らしめるのである。

4　モンタージュと諸芸術のフェアフランズング

「芸術と諸芸術」（一九六六年講演、一九六七年初出）においてアドルノは、現代芸術に見られる顕著な傾向、「フェアフランズング」――フリンジ化、ほぐれからまり――を全体のテーマとして論じている。フェアフランズングとは、芸術作品がその属するジャンルとは異なるもの、あるいは芸術自体に疎遠なものをとりこんでジャンルの境界が互いに流動化し、ぼろぼろほどけて絡まり合う布の端のようにクロスオーヴァーしていく現象であり、かつ歴史プロセスである。

　モンタージュの原理が、芸術のフェアフランズングの原現象だった。（KK 450）

「芸術と諸芸術」において、フェアフランズングはほとんどの場合ジャンル間の「解きほぐれ」という意味で論じられている。その解きほぐれと同時に、個々の作品においては異なるジャンルに由来する要素の絡まり合いが起こっていることも論じられている。すなわち、個々の作品は他のジャンルの要素を取り込んでハイブリッド的なものとなる。[9] 各ジャンル間のフェアフランズングは、「デモンタージュ［＝解体］（…）、つまり、現実の要素を破壊しながら自分の胎内に取り入れ、その［破壊された］要素を組み合わせて他なるものを自由に基づいて作り出す」（ÄT 379）モンタージュの振舞いが、時間に沿って展開したものに等しい。言い換えると、フェアフランズングという歴史プロセスは、互いに異質な芸術ジャンル同士のモンタージュと考えられるのである。

「芸術ジャンルのフェアフランズングはほとんどつねに、美的なものの外側にある現実をつかむ動きを伴っている。それはまさに模像の原理とはきっかり対立している」（KK 450）。すでに引用したように、このことが由来する原現象は、モンタージュである。「モンタージュが意味しているのはほぼ、経験的現実の諸断片の侵入、意味の法則性を逃れた或る種の侵入によって、芸術作品の意味を掻き乱し、そのことによって芸術作品の意味を虚偽だと非難するということなのだ」（KK 450）。まとめるならば、モデルネ以降の芸術の歴史プロセスであるフェアフランズングは、モンタージュを遺伝子としてそのまま受け継いでいると言えるだろう。

現代芸術におけるフェアフランズング現象を考察するうえで、ひとつの手がかりになるのが映画である。まず、その生い立ちからして映画の本質は映像断片のモンタージュである。第二に、視覚イメージ、サウンド、テクストという異なるジャンルあるいはメディウム間のモンタージュから映画は成り立つ。その完全なモンタージュ性と芸術における歴史の浅さ、出自が見世物である素性の怪しさという映画の特質ゆえに、異質なものを取り込む芸術のフェアフランズングの力動性をもっとも容赦なくリアルタイムで体現するものとして、アドルノは（六〇年代当時の）映画を捉えているのである。[10] その範例となるのが、映画産業による旧来の「パパの映画」（Ft 353）を攻撃した若手の作家たちによる映画であった。アドルノの愛弟子であったアレクサンダー・クルーゲ（一九三二年―　）はその筆頭である。クルーゲが中心となって出された「オーバーハウゼン宣言」（一九六二年）は、新しいドイツ映画の誕生を高らかに告げるものであった。クルーゲはその頃から現在に至るまで一貫してモンタージュの手法を駆使し、まさにジャンル横断的に映像作品、散文作品、理論的著作を世に送り出している。

彼の映画におけるモンタージュは、おそらくアドルノが考える芸術のモンタージュおよびフェアフランズングの実現に近い。一例を挙げれば、クルーゲの監督した『愛国者』（一九七八年）という映画では、非常に荒いモンタージュと複数の視点の配置によって、物語の連続性が解体される。[11] 映画の中では、ドイツ空襲のドキュメンタリー・フィルムの断片が色調補正もされずに、突然の異物の侵入として物語空間にモンタージュされる。そのイメージの解離性と直写性は、戦後ドイツを覆った集団的忘却を撃つ。言い換えると、そのフッテージに記録された空襲の映像は、作品内では表象でありながら、同時に現実の欠片である。戦後ドイツの人々にとってその数秒の映像は、トラウマ的フラッシュバックとして機能するのだ。戦争を報じた新聞の断片を取り込んだピカソの絵画と同じように、映画『愛国者』の場合も映画が現実に手を伸ばしてその屑や瓦礫を異物として取り込んでいる。かつ、それによって言語化できないトラウマ的歴史記憶を捉えようとすることで、虚構と現実、芸術と歴史（学）の境目までゆるがしているのである。

５　映画の起源と夢のイメージ

その草稿の多くが戦時中、ナチズムの時代に書かれた『啓蒙の弁証法』（ホルクハイマーとの共著、一九四七年刊行）において、アドルノはベンヤミンに比して、映画に対してあからさまに否定的な態度をとっていた。ところが、一見すると態度を翻したかのごとく、晩年に書かれた「幻燈的映画論」（一九六六年）では、映画が芸術として成立する可能性を模索するようになる。この論考は「芸術と諸芸術」と同時期に取り組まれたものである。

「幻燈的映画論」のなかでアドルノは、映画の複製性ないしは模像性の基盤であるテクノロジーを尻目に、映画における「芸術未然のもの（das Kunsthafte）」のメタファー（同時にメトニミー？）として、或る奇妙な「主観的な経験の形式」のイメージを持ち出す。アドルノには、一九一〇～二〇年代前半におけるアヴァンギャルドに胚胎していた（かなえられなかった）可能性を、ふたたび現在（一九六〇年代）において請け戻し展開しようとする意図があるのではないかと筆者は考える。具体的には、戦前むざむざと全体主義に絡めとられ、現在も資本主義に略取されている映画を素材にして。クルーゲたちによるオーバーハウゼン宣言が、時の合図だ。浅い歴史しかもたない映画は自らの内在的法則によって、まさに今（六〇年代に）決定的な変容を起こしつつあるように見える。というよりも、そもそも離散的な諸要素——視覚イメージ、サウンド、テクスト——のモンタージュ（編集）で構成される映画は、一九一〇～二〇年代前半のアヴァンギャルドにおけるモンタージュを震源とする（とアドルノが考える）芸術固有の歴史プロセスにおけるフェアフランズングを、そしてその結果としての現代芸術のハイブリッド性を、芸術の庶子として、しかし／それゆえ、ラディカルな仕方で引き起こしつつある。アドルノの目の前で、リアルタイムで――。

だとすると、アドルノとしてはまず、映画が芸術たりえ、かつ芸術そのものを弁証法的に拡張するような局面を提示せねばならない。「幻燈的映画論」が、一見『啓蒙の弁証法』と背馳するように見えるのはそのためであると考えれば納得できる。[12]

――映画の美学はむしろ主観的な経験の形式に遡るものであるにちがいない。映画はそのテクノロジー的発生とは無関係に、主観的な経験の形式に似ており、その経験の形式が映画における芸術未然のもの（das Kunsthafte）を形成しているからである。たとえば誰かが町で一年暮らしたあとに、高山に何週間も滞在し、そこではきっぱりすべての仕事を断ったとする。そんなとき、眠りやまどろみのなかで、不意に、さまざまな風景の色鮮やかな像（Bilder）が自分のかたわらをここちよく通り過ぎていったり、あるいは自分のなかを通って行ったりする（ziehen）ことが起こるかもしれない。しかし、その風景の色鮮やかな像は互いに連続して移りゆくのではなく、その流れのなかではまるで子どもの頃に見た幻燈機のように途切れ途切れになっている。このような動きの中断ゆえに、内的モノローグのイメージは文字と似ているのである。すなわち、文字もまた目交いを動くものであり同時に個々の記号で停止されたものである。そうした像の連なり（Zug der Bilder）と映画の関係は、視覚世界と絵画、あるいは聴覚世界と音楽の関係と比例しているだろう。経験のこのようなあり方を客観化して復元するものとして、映画は芸術たりえるのではないか。この映画というすぐれて技術的な媒体は、自然美と深いところでつ

ながっている（tief verwandt）。（Ft 355）

アドルノは『美学理論』において、「芸術とはイメージ世界に対するミメーシス」（ÄT 324）であり、「さっと過ぎ去りとどまることのないもの［＝イメージ］を客観化する芸術の衝動（der Impuls der Kunst）は、芸術の歴史を貫いているだろう」（ÄT 326）と述べている。翻って「幻燈的映画論」では、写真を出自とする映画が写真として自己修正しつつ、すなわち複製技術による経験的現実の模像であることを止揚して、はかなく過ぎ去っていく主観的経験のイメージを客観化し復元・再生することが、映画が芸術となる条件である、と言われている。この二つの引用を並べて読むと、「幻燈的映画論」でアドルノが、積極的に映画に対して芸術としての可能性、映画美学の可能性を認めようと試みていることがより明瞭になる。前掲の「幻燈的映画論」三五五頁の引用箇所は、複製テクノロジーの論理を維持しつつそれを超えていくアドルノの映画美学の心臓部にあたる。

まさにそうした重要な場面において、夢というものが「途切れ途切れ」であると言われていることに注意したい。夢特有の「中断」によって経験的連続性を断たれた個々のイメージは、いわばモンタージュを形成している。「夢の仕事」に備わるこうしたモンタージュ的働きこそ、映画が遡求すべき根源であり、映画が芸術たりうるための制約であるとアドルノは考えているのだ。

さらにこの引用部分の直前で、アドルノは、映画がその本性を瞞着せず芸術として成り立つ鍵は、通常、映画のアイデンティティとして捉えられる経験的現実の複製（＝模像）である「動く物体」の像ではない、と予めわれわれに注意する。捕まえて写像することができない、主観的経験を構成する静止した像が映画の元素である。仮にこれと似たものを映画の持続において探すとするならば、さしあたり、通常の映画上映のなかでは人間が知覚できない静止した像、すなわち一コマの画像に相当するだろう。幻燈機ラテルナ・マギカ（魔法のランタン）の透過光のなかにあった映画の呪術的な幼年時代は、現在の老いた「パパの映画」、文化産業のイデオロギーのなかに潜在しつつ抑圧されている。そのかすかな名残を残すのが、上記の引用の直前で、「すでにその最初期に、古い写真に似てはいないだろうか！」（Ft 355）と言われるチャップリンである。映画特有の特殊技術に頼らなかったチャップリンのサイレント映画を、アドルノは評価する。古い写真や幻燈機の静止画の痕跡を、チャップリンの映画はその動きのなかに宿している。チャップリンはまるで霊が動いているように動く。その風貌は遠い昔に生きた誰か（移民や労働者、失業者）を模倣しているようである。「この謎めいた人物」（Ft 355）は、とうの昔に廃れた一九世紀の光学器械のかすかな光を孕む映画の古層を指し示す。アドルノは、フィルムに潜在するもの、映画の根源を感知せよと言いたいのだ。反映画的で、（思想においても制作の美学においても）反全体主義的なチャップリンに、彼は映画のポテンシャルを重ねて見ている。

「山人間（Bergmensch）」を自称したアドルノによって、上述の三五五頁の引用箇所で「主観的な経験の形式」が言及されるシチュエーションは、自然のまんなかでの保養の一時といったところで、それ自体は何の変哲もない。だが、この箇所で話の流れが突然ガクンと切り替わり、それがあたかもテクストによって幻燈機を実演するかのようで、強い印象をもたらす。その鮮烈さゆえに、フランクフルト学派における映画美学を論じて浩瀚な書をものしたM・B・ハンセンのように、そこに労働からの避難、逃亡、亡命、移民といった二〇世紀の歴史記憶の痕跡を感じ取ることも不思議ではない。[13] 横たわる人の瞼の裏をよぎる風景の映像は、一瞬で現れ、つかのまに過ぎ去るはかないものである。この夢（白昼夢？）において、現実のなかでは失われている自然との一体感、すなわち懐かしさや解放感とともに死の匂いがかすめるのは、洋の東西を問わず或る種の定型的表現がみられる臨死体験いわゆる「三途の河」の色鮮やかな風景や、致命的な危険に遭遇したときに経験される記憶の走馬燈（やはり色鮮やかだとされる）と類似点があるからだろう。そうした現象はたしかに生体に内蔵された、主観的な経験の形式である。多くの人の場合、通常の夢はモノクロだと言われており、アドルノのさりげなさと対照的に、すでにその点で色鮮やかなこの高山の夢は、いかなる程度にせよ、身体が特殊な変容状態にあることを示唆している。記憶の走馬燈と、アドルノが子どもの頃に見た「幻燈機」には少なくとも共通点がある。どちらの場合も、古典的ハリウッド映画の流れるようなコンティニュイティ編集とは異なり、映像は断続的に切り替わる。それは、初期のシュルレアリスムにおいて行われた、オートマティスムの実験における意識の流れの解体、その結果生じる、解離してオブジェ化したイメージの連なりに近しいものである。

そして、話者の意識からすれば、子どもの頃、暗がりのなか、さまざまな風景を写した幻燈機フィルムの透過光の明滅に晒された記憶を想起することと、自分の子どもの頃の映像を外側から眺めながら美しい風景と幸福感に包まれる走馬燈体験を物語ることのあいだには、それほど懸隔はない。生体のメカニズムに発するもっとも無意志的なイメージと、光学的映像とは根っこでつながっている。光学器械の映像が、そうした無意志的イメージをどのような仕方にせよ模倣しているから、というだけではない。人間の知覚自体がテクノロジーによって歴史的に変容しており、ゆえに無意志的イメージの方も光学器械の映像に媒介されているからである。仔細にフィルムを眺めれば、映画のコマとコマの間には暗闇が、映像が切り替わる幻燈ショーの暗闇と同様存在する。つまり映画のイメージは、中断を伴う無意志的な主観的経験のイメージ、そして幻燈機のイメージの遺伝子をたしかに受け継いでいる。

前掲「幻燈的映画論」三五五頁引用箇所において設定されている、人間における無意識あるいは前意識の心的メカニズムと映画との間の平行関係を、精神分析の側から捉えてみよう。フロイトの『快原理の彼岸』（一九二〇年）において、トラウマにおける反復強迫が由来する死の欲動は、「無機的世界の静止状態に戻ろうとする」[14]あらゆる生命体の欲動であるとされる。それは原始的な心的メカニズムであり、自己に向かう場合、自己破壊衝動として現れる。母の不在の間に繰り返し糸巻遊びをしている幼子のように、危機的状況の再現によって生体は来るべき本番の死に向けてレッスンを行う。そのような反復として、死や危険に直面した過去のフラッシュバックはトラウマによって引き起こされる。フラッシュバックは、連続性を持った通常の意識すなわち物語的記憶を突き破って、まさに異物の侵入であるモンタージュのように爆発的・突発的な出現として現れる。まとめると、フラッシュバックは、死の欲動から発する反復強迫であるというのがフロイトの考えであった。

一方、後期フロイトについて論じたマルクーゼによれば、死の欲動と生の欲動は自己保存の裏表である。マルクーゼは「死の欲動」を解釈し、そこに抑圧からの解放の契機を見出す。[15]マルクーゼの議論に従うならば、死の欲動が「無機的世界の静止状態に戻ろうとする」ものであるとは、そもそも生物学的な死へ向かうというよりは、むしろ緊張や苦痛からの解放に働く自己保存のメカニズムであることを意味している。

意識が突然切り替わるフラッシュバックの原因と考えられ、かつ記憶の走馬燈現象の原因と目される「解離」は、無意志的想起、見当識や時空認識など全体性の喪失、自分を眺めているような感覚、イメージの断片性、その色鮮やかさとすばやさ、そして不連続性といった諸特性をフラッシュバックや記憶の走馬燈現象にもたらしている。アドルノは、「幻燈的映画論」の高山の夢と映画のイメージとの類縁関係の根っこを、或る種のシュルレアリスム的オートマティスムに陥った身体の物象化、すなわち解離による死のミメーシスに見よ、と誘っているかのようだ。

ところで『啓蒙の弁証法』においては、ミメーシスはおおむね文化産業による虚偽の自己同一性をもたらすものとして糾弾される。「（…）周囲の世界のなかで能動的に自己を貫くのではなくて、周りに適応して自己を失う傾向、すなわち、成り行きにまかせ、退行するように自然へと沈み込む癖（…）。そうした傾向をフロイトは「死の欲動」、カイヨワは「擬態」（le mimétisme）と名づけた」（DA 259）。「驚愕は防御として、ミミクリー（擬態）の一つの形である。人間に備わるあの硬直反応は、自己保存の太古的な型である。生命は死せるものへと同化することによって、自分の存続のために税を支払っているのだ」（DA 205）。文化産業における映画は、テクノロジーによる複製（＝模像）の力によってその抑圧のイデオロギーを強化する。人々は映画による経験の捏造を通して掌握され、モンタージュを駆使したレニ・リーフェンシュタールのプロパガンダ映画でみごとに具現化されたとおり、全体主義に至ってミメーシスの倒錯は極まる。「彼ら［ファシストたち］は驚愕的ミメーシスの偽の模造品である」（DA 207）。この位相において見るならば、映画はこうした倒錯したミメーシスへと人々を駆動させるメカニズムとして捉えられるだろう。

6　芸術における死の原理

「幻燈的映画論」では、映画の原初的な断続性が、人間の身体に内蔵されたメカニズムによるイメージの断片性に近しいものであることが示唆された。しかしながら、もし、映画ひいては芸術特有の死のミメーシスが想定されているとすれば、それは文化産業としての映画における倒錯した死のミメーシスとはまた別の様相を与えられているはずである。

ふたたび『美学理論』に戻ろう。この著作は「幻燈的映画論」の四年後に、アドルノの死によって未完の状態で刊行された。

アドルノによれば、芸術は無意識に発するイメージ世界（夢のイメージもまたそこから生まれる）のミメーシスであり、同時にイメージ世界を自由に統御する形式によるイメージ世界の啓蒙である（ÄT 324）。それは芸術特有の自然支配である。イメージという「つかの間のもの、さっと過ぎ去るもの、はかないもの」を持続（Dauer）のなかに救うために、芸術作品のミメーシスと客観化する技術とは緊張関係にある（ÄT 326）。

有機的統一の幻想が解体された後期資本主義時代の芸術において特殊的かつ範例的に、ミメーシスと技術の緊張を耐え抜く形式としてアドルノが提示するのがモンタージュである。

その［＝もろもろの細部の］統合を許すのは、その細部が有する死の欲動（Todestrieb）である。（ÄT 450）

芸術作品はその特性として死を喰らって生きている。このことがモデルネの質的境目になる。モデルネの作品はミメーシスとして物象化に、すなわち死の原理（Todesprinzip）に身をゆだねている（…）。もしこの毒物の混入を欠くならば、実質的に言うと生き生きとしたものの否定がなされないならば、文明の抑圧に対する芸術の抗議は、慰めにはなるが無力なものとなる。モデルネの始まりからずっと芸術が、自らに疎遠な対象を、つまり完全に変容されない状態でその形式法則のもとにもたらされる疎遠な対象を吸収したとすれば、モンタージュに至るモデルネにおいては、芸術のミメーシスは、その敵対物に自らを譲渡する。（ÄT 201）

所与の全体性が崩壊し、人々がアトム化され物象化されている後期資本主義社会において、モデルネ芸術は作品の有機的統一という幻想を攻撃することを旨とする。芸術のモンタージュは世界の物象化と経験の凋落を模倣している。モンタージュは、もともとテクノロジーに発する言葉である。ダダが「芸術の否定」というみずからの綱領を際立たせるためにこの言葉を採用した通り、部品を工場で組み立てることがモンタージュである。肉体の有機的な統一をバラバラに破壊して、臓物を寄せ集めるのもモンタージュである。それによってフランケンシュタインのモンスターが創られる。「死んだばかりの牛の目」を死骸から外して暗い部屋（カメラ・オブスクラ）の孔にはめるのもモンタージュである。それによって幻燈機のような光で戸外の風景が映し出される。デカルト以降の近代においては、生命の有機的統一性が破壊され、物質＝延長に変換されたものを合成するテクノロジーがモンタージュであった。モデルネの芸術作品が「死を喰らって生きている」というのは、詩的な表現などではなく、二〇世紀の二度の世界大戦そしてホロコーストといった大量破壊と殺戮の歴史が作品になかに沈殿していることを示す。

芸術のモンタージュとは、すでに破壊されバラバラになった経験的現実の瓦礫を異質なものとして吸収することであるし、それによって虚偽の連関をデモンタージュ（解体）することでもあろう。そういうふうに、経験世界の物象化と相和しつつ同時に同毒療法のように世界の物象化に対して免疫を保持することでしか、芸術が物象化から意識を救い解放することはできない。モデルネの芸術にとって物象化は不可避の条件であるが、そのやり方は〈表現〉極と〈構成〉極の緊張の下で、物象化した世界の苦しみをミメーシスとして我が身に引き受ける、というやり方である。その端的な身振りならびに歴史的現象がモンタージュである。

モンタージュは、雰囲気を充填されたすべての芸術への、さしあたりはおそらく印象主義へのアンチテーゼとして現れた。（…）キュビスムの英雄的時代に、貼り付けられた新聞の切れ端やそのたぐいのものにおいて案出されたモンタージュは、それ［印象主義のロマン主義化、対象性の主観化］に対して抗議している。芸術が異質な経験界に形態を与えることによって経験界と和解する、という芸術の仮象は、作品が経験界の、仮象なき文字通りの瓦礫を自分の中に迎え入れて、その崩壊を認め、その崩壊を美的効果へと機能転換することによって、砕け散るという手はずになっている。芸術が欲するのは、後期資本主義における全体性に対する自分の無力を白状して、そうした全体性の廃絶を始めよう、ということである。モンタージュは、芸術が芸術にとって異質なものに対して美的領域の内部で降伏することである。総合の否定が形態化の原理となる。（ÄT 232）

「幻燈的映画論」で眠りに身をゆだねて意識の閂をゆるめ夢のイメージを見る人が、抑圧や認識の労働、日々の苦痛から解放されることと、物象化という死の原理に身をゆだねて文明の抑圧に抗議する芸術作品には或る平行性がある。上記の引用に見られる通り、アドルノは一九一〇年代、キュビスムに現れたコラージュ（モンタージュ）に、「全体性」を迫る文明の抑圧に対する抗議と解放という機能を見出している。したがって、アドルノが芸術作品において「死の欲動」概念を援用する場合、マルクーゼのように解放の側面を重視しているのは明らかである。新聞紙や壁紙を貼り付けて画面の有機的統合性という仮象を破壊するピカソのコラージュを念頭に置きつつ、当時を振り返ってアドルノは「キュビスムの英雄的時代」と呼ぶ。この「英雄的」という言葉は、いわば世間にとってはスキャンダラスとされることを実行し、轟々たる世間の非難にさらされることを厭わない態度のことである。だが、モンタージュはその内実において、全体的意味連関を放棄する点で「無力」とすら呼ばれている。解離によって己の自己同一性を放棄し他者を我が身に依らしめて声を与えるモンタージュの技術は、伝統的に女性が多くを占める霊媒が担ってきた技術に接近する。

芸術はそれら［形式や概念に媒介されない事実］自身が作品において話すことによって、それらを語らしめようとする。かくして芸術は、意味連関としての芸術作品に対する訴訟を始める。モンタージュされたくずは、芸術の展開においてはじめて芸術の意味に可視的な傷を与える。このことがモンタージュをはるかに包括的な連関へと押し込む。印象主義以降のすべてのモデルネ芸術は、表現主義のラディカルなもろもろの発現もやはりそうであったのだが、主観的経験の統一性に基づく、すなわち、「体験の流れ」に基づく連続性の仮象を断つ。（ÄT 233）

批判や解放という芸術の機能役割を、フロイトにおける「徹底操作」のそれと類比的なものとみなすならば、そのような芸術の徹底操作はたんなる治療者的次元にとどまらない。自らを偶然性や受動性において死のミメーシスにゆだねる芸術の徹底操作は、同時に症状（Symptom）としての行動化でもある。つまり、自らの行動化（反復強迫＝症状）を引き起こす源に対して、批判的距離を置き、客観化する（objektivieren）技術である。ここには〈表現〉と〈構成〉、ミメーシスと技術の緊張関係が如実に現れている。アヴァンギャルドの時代のキュビスム、ダダ、シュルレアリスムのモンタージュは、時代の徴候（Symptom）をその技術においてミメーシスとして引き受けていたのである。

7　結び

モデルネ芸術の本領は、経験的な諸要素＝もろもろの断片を置換、解体、再構築することによって、文明の抑圧、目には見えない現実の暴力的な本質を理解させ、自らを無意識的な歴史記述として、他者の声すなわち蓄積された苦痛の記憶を語らしめることにある。芸術はなおかつ自己破壊によって、現実世界において生命を剥奪されたものたちのために弁明するのである。その位相において、モンタージュはメタ的な原理となる。モンタージュは、芸術史内部においてはキュビスム、ダダ、シュルレアリスムといった歴史的アヴァンギャルドの特徴的技法として現れた。有機的全体性や意味連関を否定する芸術のモンタージュは、もともと科学と産業のテクノロジーから採用された概念であり、大量機械生産による労働や社会の構造的変化、写真や映画に代表されるような複製技術による知覚の変容、史上初の世界大戦において生じた大量破壊と連動していた。ひいては、進歩という歴史の物語の崩壊、伝統的共同体や人間理性の解体をモナドのように反映してもいる。バラバラの諸部分を構成して全体を形づくる近代テクノロジーの操作性格をアイロニカルに模倣しつつ、それによって社会を批判したのが、当時のアヴァンギャルドにおけるモンタージュであった。モンタージュは意味連関を破壊し、そのショックや可変性において、イメージが歴史に媒介されつねに社会との連関にあって操作可能であることを、ゆえに目の前に現れている現実や〈真実〉が唯一絶対ではないことを見る者に知覚させる。そうしたモンタージュの批判・解放能力が当時の作家たちを魅了したのだ。

歴史上のモンタージュは一九一〇年代以降、芸術において解放の夢を担ったが、早くも二〇年代後半には文化産業や全体主義にからめとられ、そのメカニズムやイデオロギーを強化するために利用しつくされた。

なかでもモンタージュの力をプロパガンダ映画というかたちで徹底的に活用したのがナチスである。要するに歴史を振り返れば、モンタージュに期待された批判能力は実際には限定的であっただけではなく、むしろモンタージュは現実を捏造するという非合理で危険な力を発揮してしまったのであった。ナチスが崩壊した戦後ドイツにあって、そうしたモンタージュの負の遺産を総括しつつそこに胚胎する可能性を展開するためには、オーバーハウゼンの若者たちを待たねばならなかった。

しかしながら、ナチズムと戦争の時代を生き延び、戦後もモデルネ芸術の推移を眺めてきたアドルノは、晩年に至っても、モンタージュにかつて託されていた解放の夢を手放さなかった。そしてもっとも若い芸術である映画がそのラディカルなモンタージュとともに開花した時、アドルノは四〇年前のアヴァンギャルド芸術のモンタージュをフェアフランズングの胚、すなわち芸術の歴史プロセスの隠れた原理と為したのである。

注

1 アドルノの著作からの引用は、ズーアカンプ社刊行『アドルノ全集』(*Gesammelte Schriften*) および『アドルノ遺稿集』(*Nachgelassene Schriften*) からのものである。タイトル表示は後掲の略記法に依る。タイトル表示に続くアラビア数字は記載ページを表す。引用文中の［ ］は筆者による補足である。

Theodor W. Adorno, *Gesammelte Schriften*, hg. von Rolf Tiedemann unter Mitwirkung von Gretel Adorno, Susan Buck-Morss und Klaus Schultz, Band 1–20, Frankfurt a. M. : Suhrkamp, 1970–1986.

ÄT *Ästhetische Theorie*, in: GS, Bd. 7.

DA *Dialektik der Aufklärung*, in: GS, Bd. 3.

EaF „Der Essay als Form", in: GS, Bd. 11.

Ft „Filmtransparente", in: GS, Bd. 10-1.

KfF *Komposition für den Film*, in: GS, Bd. 15.

KK „Die Kunst und die Künste", in: GS, Bd. 10-1.

Ä58/59 Theodor W. Adorno, *Ästhetik (1958/59)*, in: *Nachgelassene Schriften*, Abteilung IV: Vorlesungen, Bd. 3. Frankfurt a. M.: Suhrkamp, 2009.

2　なかでも、叙述の形式（スタイル）と叙述内容が密着し緊張状態にある点で「形式としてのエッセイ」は興味深い。そのなかでは次のように言われている。

「思考する者は、本当は思考しているのではまったくない。精神的経験を解きほどいてしまうようなことをせずに、自ら精神的経験の場（Schauplatz）と化すのである。」（EaF 21）

「エッセイが手にとる諸概念は、エッセイ自体にとっても隠された到達点（terminus ad quem）から光を受け取っており、すでに明らかな出発点（terminus a quo）から受け取るのではない。この点で、エッセイの方法論そのものがユートピア的志向を表出している。そのすべての概念は、たがいに支え合い、それぞれの概念が他の概念との配置（Konfigurationen）にしたがって自らを表明するというふうに叙述されねばならない。エッセイの中で／エッセイの形で、不連続に互いにコントラストをなす諸要素が集まって、判読可能なひとつのものを形づくる。すなわちエッセイは足場や建物を建造しない。しかし諸要素は自らの運動を通して、［エッセイにおける諸要素の］配置として結晶するのである。配置はひとつの力の場である（…）。」（EaF 21f.）

上記の引用を冒頭の『美学理論』からの引用と比較すれば、「隠された到達点」を諸要素同士の配置（Konfiguration＝［芸術上の］構成、星位）において志向するというエッセイというあり方と、冒頭のアドルノの手紙からの引用部分に示された『美学理論』の思考スタイルが、同種のものであることが分かる。

3　「それら［主観が意識的な意志の彼方で為す諸経験］は、現実というファサードや心理というファサードの背後にある歴史の布置（Konstellation）を捕らえ関わっていく（betreffen）。時代を超えて伝えられてきた哲学の解釈が（…）もろもろの経験を掘り求めなければならないのと同じように、芸術作品の解釈は、こうした主観的に経験されかつ主観を凌駕する経験の核（diesen subjektiv erfahrenen und das Subjekt unter sich lassenden Erfahrungskern）を求めてそれに迫る。このことによって芸術作品の解釈は、真理内容における哲学と芸術の収斂に従っているのである。芸術作品が、それ自体でその意味の彼岸で（an sich, jenseits ihrer Bedeutung）語っているものが真理内容である。同時にその一方で、芸術作品がその配置（Konfiguration）において、歴史の諸経験を記し留める（niederschreiben）ことによって、真理内容は己を貫徹するのである。しかもこのことは主観を通じてしか可能ではない。」（ÄT 422）

4　Georgio Agamben/ed. Daniel Heller-Roazen, "Walter Benjamin and the Demonic: Happiness and the historical Redemption", in: *Potentialities: Collected Essays in Philosophy*, Stanford: Stanford University Press, 1999, 138–159, esp. 145–151.　ジョルジョ・アガンベン、高桑和巳訳「ヴァルター・ベンヤミンと魔的なもの――ベンヤミンの思考における幸福と歴史的救済」『思考の潜勢力』月曜社、二〇〇九年、二五五―二九一頁。とりわけ、二六八―二七七頁。

5　ユダヤ教における図像化禁止の伝統と、アドルノ美学におけるモンタージュ概念との関係については次の論考を参照。Gertrud Koch, „Mimesis und Bilderverbot in Adornos Ästhetik", in: *Die Einstellung ist die Einstellung: Visuelle Kostruktionen des Judentums*, Frankfurt a. M.: Suhrkamp, 1992, 16–29.「中世のユダヤ芸術における図像描写には、たとえばケルビムのように頭と翼だけでできた断片化された図像、すなわちハイブリッド、人間と動物のもつ形から合成された存在が見いだされるが、それらはきわめて正確に図像化禁止に対応している。」（ibid., 26.）

6　クレーの《新しい天使》は、アドルノにとって、ベンヤミン経由でのユダヤ神秘主義だけではなく、亡命途上で命を落としたベンヤミンの記憶、そして自身も祖国を追われ亡命生活を送った記憶が紐づけられた作品である。ベンヤミンやアドルノ自身の苦痛の記憶を帯電した《新しい天使》を、アドルノがさりげなく「ほら」とわれわれに差し出す。『美学理論』における《新しい天使》の提示は、芸術による歴史記述がいかにアクチュアライズするのか、その作動のあり方を示す実例である。

7　〈表現〉と〈構成〉の概念については、本書掲載の伊藤論文（第3章）を参照のこと。

8　Benjamin H. D. Buchloh, "Atlas': The Anomic Archive", *October*, vol. 88 (Spring, 1999), 117-145. ブークローは、一九二〇年代のモンタージュにおけるショック機能とアーカイヴ機能の二項対立、あるいは前者から後者へのゆるやかな移行について論じている。Ref. ibid., 127-131.

9　アドルノは「芸術と諸芸術」冒頭で、フェアフランズング現象の事例をいくつも列挙している。

10　「芸術は、かつての自分にとどまろうとしない。かくして、芸術諸ジャンルと芸術の関係がどれほど力動性を与えられているかは、それらのなかでもっとも後発の映画から見て取れる。」（KK 451）

「映画が内在的な法則に基づいて自らの芸術めかしたものを――あたかもそれが自分の芸術原理と矛盾するかのように――投げ捨てたいと思っても、この反乱において映画はなおも芸術であって、芸術を拡張することになる。なるほど利潤に左右されてしまう映画がその矛盾を純粋に耐えしのぐことはできないのだが、そのような矛盾がすべての本来的モデルネ芸術の生命のエレメントなのである。芸術諸ジャンルのフェアフランズング現象はひそかにそういうところから刺激を与えられているのかもしれない。」（KK 452）

映画が文化産業に支配されている現状の下、映画はヴァーグナーの総合芸術作品がそうであったようにアマルガム化する傾向にあると『映画のための作曲』（英語版一九四七年、アドルノを共著者として記載するドイツ語版一九六九年）イントロダクションでアドルノはかつて示唆していた（KfF 12）。映画が芸術としてポテンシャルを有し芸術を拡張するのだとすれば、映画作品を形成する「視覚イメージ、言葉、音、脚本、役者の演技」（KfF 12）はそれぞれ固有の論理を維持して、作品のなかで互いに異質なまま緊張状態にあらねばならない。それがアドルノの考える映画のあるべきモンタージュであるだろう。

11　岩崎稔は、クルーゲの映画『愛国者』のモンタージュが、七〇年代後半のドイツにおいて顕著になった「表象の修正主義」を逆なでするものだと主張している。「表象のポリティクスと映像の修正主義」、小岸昭、池田浩士、鵜飼哲、和田忠彦編『ファシズムの想像力――歴史と記憶の比較文化論的研究』人文書院、一九九七年、三四六―三七四頁。とりわけ三六〇頁。

12 アドルノ美学を従来看過されてきた映像メディア論という観点から包括的に読み直し、「幻燈的映画論」を文脈化した論考として、竹峰義和『アドルノ、複製技術への眼差し——知覚のアクチュアリティ』青弓社、二〇〇七年。とくに「幻燈的映画論」については、第六章「解放された映画」（三一五—三六三頁）を参照のこと。竹峰は、「非同一的なもの」を感覚させるための知覚の「媒質＝メディア」として、アドルノが映画に対してポジティヴな可能性を見出していたことを一貫して強調している（同書三三五—三三六頁）。

13 Miriam Bratu Hansen, *Cinema and Experience: Siegfried Kracauer, Walter Benjamin, and Theodor W. Adorno*, Berkeley, Los Angeles, London: University of California Press, 2011, 223.

ちょび髭をつけた姿で有名なチャップリンは、ロンドンに生まれ極貧のなかで育った。アメリカに渡って映画人として大活躍し、亡命時代のアドルノと親交があった。戦後は反共の嵐に翻弄され、アメリカを離れてスイスに移住した。ハンセン自身もドイツからアメリカへ移住した人であった。

14 Sigmund Freud, „Jenseits des Lustprinzips“, in: *Studienausgabe*, Bd. 3, Frankfurt a. M.: S. Fischer, 1975[2001], 270.

15 Ref. Herbert Marcuse, *Eros and Civilization: A Philosophical Inquiry into Freud*, Boston: Beacon Press, 1955[1956], 234f. *Triebstruktur und Gesellschaft: Ein philosophischer Beitrag zu Sigmund Freud*, Frankfurt a. M.: Suhrkamp, 1965, 231. ヘルベルト・マルクーゼ『エロス的文明』南博訳、紀伊国屋書店、一九五八年、二一三頁。

第7章　アドルノの美学とソーシャリー・エンゲイジド・アート（SEA）の接続可能性

長　チノリ

1　SEAとアドルノに関する前置き

アドルノの遺稿『美の理論』（一九七〇年）の冒頭は、「芸術に関することは、芸術自体においても、全体との関係においても、また、その存在の正当性さえ自明なものは何もない、ということが自明になった」（GS 7, 9）という一文で始まる。今日活躍する一九七三年生まれの現代美術家ポール・チャンは、この冒頭文を一度ならず自身のエッセーに引用し、「おもしろい（funny）」と感想を述べた。[1] チャンは、シカゴの美術大学でビデオ／デジタルアートを学び、二〇〇〇年代から制作を開始するが、自身の作品は大学で専門としたメディウムにとどまらない。彼の最もよく知られている仕事の一つは、社会関与型の芸術、つまりソーシャリー・エンゲイジド・アート（以下ＳＥＡ）に分類される。ＳＥＡとは――まだ解釈の定まっていない、常に論争的な概念であるが――、たとえば、テート・モダンの定義に従えば「議論、共同作業、社会交流に人々やコミュニティを巻き込むあらゆる芸術形式」である。また、トム・フィンケルパールに倣い「一九六〇年代の前衛的な政治運動」からの影響も考量するなら、秋葉美知子が整理するように「「アート」「インタラクティブ」「ソーシャルチェンジ」という三つの円が重なった部分」に位置するものとして「近・現代のアートで最も重視される自律性に欠けるとして、長くアートワールドの視野の外にあった」芸術動向ということにもなる。[2]

アドルノは、チャンの「信念形成にとって最も重要な思想家」であると見なされており、チャン自身も「アウシュヴィッツ以降、文化産業の拡大する帝国のもと、六八年五月の真只中、彼［アドルノ］は苦しみの中断や支配からの脱出などないと見てとる。「今日の芸術は、黙示的状態を先取りする反応形式として以外には、もはやほとんど考えられない」とは暗澹たることだ。しかし、彼は、芸術にこだわる。つまり、希望と抵抗を生じさせる私たちに残された唯一の可能性としての芸術を通じてのある種の思考にこだわる」と綴り、アドルノの芸術観に共感を示した。[3]

チャンの散文の意味するところをクレア・ビショップの言葉で補足するなら、「チャンは、道具的理性に服従しない言語というアドルノの芸術観を頻繁に擁護する雄弁なアーティストであり、彼の政治的潜在力はこの非常なる［芸術］例外主義のうちにある」[4]ということにもなるだろう。「道具的理性」とは、アドルノにおいては、近代の理性に対する批判のために用いられる術語であって、本来の目的を忘れて形式的になり、人間の外部の自然や人間自身を支配する手段となった思考を指すが（GS 11, 379）、芸術はそれを免れるものとして差し出されており、チャンもまたアートにおける政治的可能性をそこに見出しているとビショップは看取する。具体例として彼女が言及するのは、チャンが二〇〇七年に手掛けたアートプロジェクト《ニューオーリンズでゴドーを待ちながら》である。同プロジェクトは、二〇〇五年のハリケーン・カトリーナによって壊滅的な被害を受けたニューオーリンズにおいて展開されたが、ベケットの《ゴドーを待ちながら》の上演、一連の教育プログラムの遂行、地域のための基金の立ち上げなどを含むSEA作品であり、チャンが手掛けた関連造形作品はニューヨーク近代美術館に所蔵されている。

ビショップは、同プロジェクトにおいて「チャンは、政治的なものの二つの異なった部分を同時に維持する。すなわち、道具化された外交戦略としての政治的なものと、芸術作品の自律性においてこの道具化を停止することとしての政治的なものを同時に維持する」と評価した。[5] パブロ・エルゲラも、アドルノへの想起は伴わないものの、「ハリケーン・カトリーナによって持ち上がった問題――たとえば、アメリカ社会のかなりの部分の社会的不可視性――を反映する象徴的行為を見出そうと追求する点で、地域コミュニティに貢献すると同時にアートワールドにも貢献するものが目指された」[6]と、チャン自身の自己評価も交えながら、ビショップと見解を共有している。

SEAの論者たちが評価するその事態は、アドルノの言葉を用いれば「目的に縛られた芸術」と「目的から自由な芸術」（GS 7, 97）の同時出現ということになるが、それでも前者の特性が強く出現する《ニューオーリンズでゴドーを待ちながら》のようなSEAは、一見アドルノの美学と接続困難に見える。その理由としては、「むしろ、芸術が社会的なものになるのは社会に対立する自らの立場によってであって、芸術は、自律的であることによってはじめて、そうした立場に立つのである」（GS 7, 335）というアドルノの発言を挙げておこう。グラント・ケスターは、アドルノのその姿勢を、「芸術は社会的または政治的世界との直接的な関わりを断つことによってのみ」政治的抵抗性を獲得するとする立場だと解釈し、「目的に縛られた芸術」としてのSEAを拒絶することに寄与すると示唆する。[7] もしそうであるなら、《ニューオーリンズでゴドーを待ちながら》は、その作り手の信条を形成したアドルノの思想への背信という形で存在しているのだろうか。この問いこそが本章の出発点であり、「世界的な現象として一九九〇年代初頭に出現した」[8]ＳＥＡと、一九六九年に没したアドルノの美学の接続可能性を検討する動機となった。

その議論が可能であるとする見通しは次の二点にある。第一に、「［ＳＥＡの］socially engaged という言い回しには、一般的に日本語の「関与」よりもはるかに強いニュアンスが込められている（…）。たとえばそれは、かつて哲学者のサルトルが広く知らしめた「アンガージュマン〔仏〕／エンゲージメント〔英〕（engagement）」という言葉がそうであるように、社会問題に積極的に寄与し、そこに一定の「責任」を負うというニュアンスを含んでいる」[9]という星野太の指摘に筆者も同意するが、そのとき、アドルノにはサルトルの『文学とは何か』（一九四八年）を受けて論じた「アンガージュマン」（一九六二年）がある。第二に、ＳＥＡの起源の一つとみなされている「ハプニング」にアドルノが、断片的にではあれ、言及していることが挙げられる。冒頭に掲げた『美の理論』の引用とも響き合うが、晩年のエッセー「芸術と諸芸術」において示された当時の芸術状況――「今日の芸術の展開において、芸術ジャンル間の境界が互いに流動的である。より正確に言えば、境界線が解きほぐれている」（GS 10.1, 432）という事態、また、それに伴うとされる「作品が美学外の現実に手を伸ばすこと」（GS 10.1, 451）――の最新動向としてハプニングは語られ、それはＳＥＡにも引き継がれた特性である。

なお、本章は、音楽が専門分野と明言する（GS 10.1, 375）アドルノから影響を受けた造形芸術家の代表作がＳＥＡであることに端を発してはいるが、アドルノを援用しての作品解釈あるいはＳＥＡの理論化が目指されるわけではない。定義に揺れるＳＥＡの議論にアドルノの美学が新たな視点をもたらすことを期待して、主に一九六〇年代のアドルノのテキストにとどまり検討することで、ＳＥＡとの接続可能性を見出すことが目的である。

2　アンガージュマン

アドルノの「アンガージュマン（Engagement）」と題されたエッセーは「アンガージュマンまたは芸術的自律性」というタイトルのラジオ講演（一九六二年）をもとにしたものであるが、一九四八年のサルトルの『文学とは何か』に由来するその問題提起を「差し迫ったものであり続ける」（GS 11, 409）とみなすところから議論は出発する。サルトルは、同著の冒頭で「否、われわれは絵画や彫刻や音楽が［文学と］同じように《政治的立場をとる（アンガジェ）》必要があるとは思わない」と断りを入れる。なぜなら、「音や色や形は、記号（シーニュ）ではなく、外部の何かと対応しているわけではない」からであり、「画家が、画布の上に記号を跡づけようとはしないで、一つのものを創りだそうとする」ように、「人は意味を描かない。意味を音楽に与えはしない」と前提する。その上で「逆に、作家の仕事は意味にかかわっている。とは言っても作家の仕事には次の区別がある。すなわち、記号の帝国は散文であり、詩は絵や彫刻の側にある」とさらに区分した。

「詩的態度とは言葉を記号ではなく、ものとして考えること」であるのに対して、「《政治的立場をとる（アンガジェ）》作家」としての散文家は「言葉を利用する人間」であり、次の三つの問いに自覚的であらねばならない。すなわち、第一に「どんな目的にむかって君は書くのか、どんな企てのなかに君は身を投じ、また何故その企ては書くという手段に訴えることを必要とするのか」、第二に「君は世界のどういう姿を暴露しようと望むのか、その暴露によってどういう変化を世界にもたらそうと望むのか?」、そして第三に「何故君はそのことよりもむしろこのことについて語ったのか。（…）何故そのことよりもこのことを変えようとのぞむのか」ということを意識して小説や戯曲に取り組む必要がある。それゆえに、「タブローの上ではまず美が輝く」が「書物のなかでは美は隠れ」、それどころか、「特定の主題が特定の文体を示唆することは事実だが、文体を決定するということはない」というほどに言葉は意味であり続ける。サルトルは芸術におけるアンガージュマンを文学に、それも散文に限定して、以上のように位置付けた。[10]

アドルノは、「サルトルが彼のアンガージュマンの概念を文学のために確保する」ことの根拠が「作家の仕事は意味にかかわっている」という点に示されていることにまず異論を唱え、文学の中で発せられる言葉は文学以外のところで有していた意味と全く同一ではなく、「これまで存在しなかったものの報告のなかでのシンプルな「あった」という言葉がもはや、それが存在しなかったということによって、新たなゲシュタルト性質を獲得する」と述べた（GS 11, 410）。ここでゲシュタルト心理学の用語が使われたのは、同じものでも別の全体（ゲシュタルト）の部分になれば、その性質が変わるという意味であろう。アドルノの反論は、「芸術のための芸術《ラール・プール・ラール》が（…）あの現実との消し難い関係をも否定する」ことと正反対ではあるものの同じ過ちとして、「アンガージュマン芸術は、それが芸術として現実とは必然的に区切られているにもかかわらず、現実とのあいだの差異を抹消してしまう」（GS 11, 410）ことの指摘であり、それと同時に、「サルトルが文学に認める特別な地位」（GS 11, 411）も剥奪されることになる。たとえば、「純粋に作られ、生産されたものとしての芸術作品は――そして文学作品もまた――、それらが自らに禁じている実践への指示、すなわち、正しい生を作り出すことへの指示である」（GS 11, 429）というように、文学作品も他の芸術作品と同格に語られ、アンガージュマンという語で意味されるものの範囲がアドルノにおいては拡大する（このエッセーの最後もパウル・クレーの《新しい天使》の絵画についての話で締めくくられている）。

アンガージュマンという語で意味されるものの範囲だけでなく、その意味の把握もまた、サルトルとは異なる方法でアドルノは行う。六〇年代のエッセーのテーマはしばしば『美の理論』でも議論されるが、「アンガージュマン」も例外ではなく、そこでは次のように概念化されている。

芸術に内在する客観的実践の契機は、芸術の社会へのアンチテーゼが、社会の客観的傾向と芸術の批判的反省によって、非和解的なものとなるところで主観的意図となる。そのことを言い表すために一般に通用している名前がアンガージュマンである。(GS 7, 365)

この難解な文章は、次のように敷衍できないだろうか。つまり、芸術は「自分自身がそれであるところのものに対して固く身を閉ざす」という呪物的特性を前提として、その特性が敵対するとされる〈交換原理〉(GS 7, 337)からの脱出が可能となる。交換原理とは、「人間の労働を平均労働時間という抽象的な一般概念へと還元すること」と置き換えてもいいが、「交換を通して、非同一的な個々人や仕事が、同一尺度で測れる同一なものになる」という「同一化原理の社会的モデル」である(GS 6, 149)。芸術は社会とは異なる独自の営み(呪物的特性)によってそれを免れ、また、そのことによって、先に引用したような「自らに禁じている実践への指示、すなわち、正しい生を作り出すことへの指示」の契機を必然的に内在させることにもなる。しかし、完結した美しい世界や精神的に高貴な世界を正しい生として作品が作り出しているうちはまだ世界と共存可能(和解的)だが、交換原理が個々人の意図とは無関係に進行すると、もともと芸術の有する社会抵抗性と共存ができなくなる。そのとき、自らの呪物的特性だけでは抵抗するに不十分であったと反省し、意図して社会に直接関与していこうとする立場の呼称がアンガージュマンである。

同じように反省はしたものの、よりいっそう呪物的特性にとどまることで社会への抵抗を示そうとしたもう一つの芸術的態度が自律的芸術（閉鎖的=秘教的なもの（Hermetik））ということになるのだろう。アドルノは、「アンガージュマンとHermetikは、現状を拒絶することにおいて今日収斂する」とはっきり述べており（GS 7, 368）、その意味では前者の正当性も認めているのである。その際、おそらくアドルノの念頭にあるのは、「抽象性への傾向において（…）サルトルよりはるかに勝っている」（GS 11, 415）と彼が位置づけるブレヒトである。アドルノが、サルトルに対するブレヒトの優越点として抽象性を挙げ、そこに価値を置くのは、「交換法則として、社会の本質それ自体が抽象的なのであ」り（GS 11, 416）、「（…）アヴァンギャルドの抽象性は、客観的に社会を管理する法則の抽象性を反映している」からであるが、「それはベケットの文学に示すことができるだろう」（GS 11, 425）と、《ゴドーを待ちながら》の作家が高い評価と共に例示される。「自律的芸術」の側にあるベケットの単純化された劇作法が、美的形式として革新的であると同時に社会批判的でもあるとアドルノは見なすが、「アンガージュマン」を自覚的に追求したブレヒトもそれを理解している一人として、「サルトルよりも首尾一貫しており、より偉大な芸術家であって、抽象性を、劇中人物の伝統的な概念を排除する教訓詩という形式法則にまで高めた」（GS 11, 415f.）と、その美的形式における革新性をアドルノは評価する。主題が形式を決定することはないというサルトルの発言はここで覆され、その当の実存主義者の戯曲については、「作家が言いたいことの伝達手段であり、美的形式の進展には遅れをとっている」ことに、具体的には、ベケットやブレヒトの単純化された抽象性とは対極の、「複雑で緊密に連関した筋立てをするという伝統的な作法」（GS 11, 414）に批判が向けられた。

しかし、ベケットとは異なり、政治的動機によっても引き起こされるブレヒトの単純化の技巧は、複雑な現実の政治の客観性を捉え損なう点において「政治的アンガージュマンのために政治的現実があまりにも軽視され、それによって政治的効力も減じている」（GS 11, 418）例の一つに数えられ、単純明快な教訓的な台詞をあたかも抑圧された者の言葉として偽装する点などにおいて「ブレヒトの最良の部分でさえも、彼のアンガージュマンの欺瞞的なものに感染している」（GS 11, 421）とアドルノは指摘する。それでも、「アンガージュマンがそうしているのではないが、［ブレヒトの劇作の］質の高さはアンガージュマンに貼りついている」（GS 7, 366）という分離不可能性が、「アンガージュマンが美的生産力になりうる」（GS 7, 367）契機として示される。

　サルトルが概念化したアンガージュマンに対しても、アドルノは鋭く批判する一方で、「傍観者のような中立性に直面して、そもそも実存の可能性としての決断という態度を目指している」（GS 11, 412）点、すなわち「状態の諸条件の変革」を目指しているという点で、たとえば「梅毒、決闘、堕胎罪条項、矯正教育施設など」（GS 11, 413）の「状態の改善を単純に欲している」傾向劇よりも高次であるとみなしている（GS 7, 365）。また、「芸術のための芸術《ラール・プール・ラール》の原理」が長らく支配的でアカデミー的な反動と結託しているフランスにおいては、「アンガージュマンの呼びかけが革命的に響く」一方で、これとは真逆に、ドイツにおいては「目的から自由な芸術」が「感性的享楽」を想起させるために疑わしいものとみなされ、それに対して「道徳的施設」として社会的メッセージを発する「禁欲主義」的な芸術作品が賛美されてきた（GS 11, 427f.）。そうした道徳主義的なドイツの伝統にあっては、「アンガージュマン作品」が人々を「高貴な価値」の担い手だと思いあがらせかねず、そうした「価値」に反すると判断された人々を「迫害する」という「非人間的行為」に走らせかねないがゆえに、「今日のドイツでは、アンガージュマン作品よりもむしろ自律的作品の側につくべき時が来ている」（GS 11, 429）とアドルノは主張する。このことは、サルトルの呼びかけにも正当性があること、また、自律的芸術の優位が揺らぐ場合もあるということを示している。

　本節では、「socially engaged」の語のうちに含まれているとも考えられるサルトルのアンガージュマンを、アドルノが文学に限定されない芸術全般の問題と捉え、どんな芸術作品にも内在する社会関与の契機を意図的に推し進めたものとして、その限界を提示しつつも、現状拒絶という点で社会に抵抗を示す芸術的態度の一つの在り方だと見なしたこと、また、やや強く言えば、時代と地域によっては自律的作品より意義を帯びる可能性すら示唆したことを確認した。次節では、もう一つの議論の糸口であるハプニングについて検討しよう。

３　ハプニング――Verfransung の最終地点

ハプニングは、ＳＥＡの起源の一つに位置づけられるが、そのとき想定されているのは、画家アラン・カプローの《六つのパートからなる一八のハプニング》（一九五九年）――それは招待状をもらった観客がカプローの用意したギャラリー内の造形空間で、彼の書いたスクリプトを忠実に守ることによって成立した作品である――に由来する系譜である。[11] カプローを含むニューヨークの芸術家たちの間で展開した初期ハプニングは、「演劇の新しい形式」とされながらも「全員が画家または彫刻家」であることが強調され、「後に屋外に現れたものは別にして――ギャラリーまたはストア、すなわち、限られた観客のための限られた空間に設置された」、「第一に視覚的なもの」であり、[12] また、批判的に捉えられてもきたが、あくまで中心は作者としての芸術家であった。[13] その後、ヨーロッパや日本にも波及し、そこでは音楽家が含まれ、舞踏が導入され、筋書きがなくなり、屋外にも広がりをみせたが、カプローによってハプニングと認められた特定の作家たちは存在した。[14] 以上のカプローに始まる系譜がＳＥＡの起源と一般にみなされているハプニングであり、観客参加の先駆けという点で、あるいはパフォーマンス性、さらには、主にヨーロッパのハプニングに認められた社会政治的（ソシオ＝ポリティカル）批評性のうちに共通点が見出されている。[15]

ただし、六〇年代の半ばまでに、カプローが認めたハプニングの域を大きく超え、「［ハプニングは］スクリプトのない、「思いがけぬことが起きる」ような演劇パフォーマンスだ、と言われている。プラン、コントロール、または目的がほとんどあるいは全くない、リハーサルがない、と言われている。幾人かを興奮させ、そのほかの者にとっては容易な物笑いの種、若干の人々にとっては挑発であり不可思議なこと、これらのことが広く知られ、信じられている」[16]と、その語が一般名詞と化した側面も大きい。また、同じくSEAに影響を与えたとされる芸術動向フルクサスのパフォーマンスもまた、のちにハプニングと区別するために「イヴェント」[17]と呼ばれるようになるが、[18]当時は「ハプニング」と記されることも稀ではなかった。[19]一九六二年に、当時アドルノが住んでいたフランクフルトの近郊、ヴィースバーデンの博物館で「フルクサス国際現代音楽祭」――現代音楽の演奏／再生に加え、造形芸術家の参加や映画上映も行われた――が開催されたときも、たとえば九月一六日のプログラムには、「コンサートNo.10、ミュジークコンクレート＆ハプニングス」と記載された。[20]

アドルノ全集に見る限り、単に「出来事」という意味を超えてハプニングについて言及されている箇所は、『美の理論』および「芸術と諸芸術」（講演一九六六年／初出一九六七年）でそれぞれ二か所、「諸困難　Ｉ　作曲に際して」（一九六四年）および「理論と実践に関する傍注」（一九六九年）でそれぞれ一か所の合計六か所である。そのうち、具体例が示されているのは二か所であり、まず、「諸困難　Ｉ　作曲に際して」において「ジョン・ケージと彼の流派」が携わる「偶然性の音楽」がハプニングと呼ばれている（GS 17, 271）。また、「理論と実践に関する傍注」では、「［政治的］行動主義者が時折演出するハプニング」（GS 10.2, 778）について論じられている。このことは、アドルノによって必ずしも同一のものがハプニングとして指示されていないことの現れであるが、その語が意味すること、示唆することもまた異なるのだろうか。本章の目的上、それがＳＥＡの源流に位置するハプニングと関連するという確認を含め、具体例をもとに『美の理論』および「芸術と諸芸術」の当該箇所も交え検討する必要がある。「行動主義者」の場合は「「思いがけぬことが起きる」ような演劇パフォーマンス」という一般化されたハプニングと重なるようにも見えるため、まずは「ジョン・ケージと彼の流派」を出発点としよう。

　ケージについては、カプローのハプニングに影響を与えていたという背景にまず触れておきたい。カプローは、ケージが携わったニュー・スクール・フォー・ソーシャル・リサーチの実験的作曲の講座を一九五六年から受講している。[21] さらに、カプローもその初期に関わったフルクサス[22]——ハプニングの作家との混同もしばしば生じるその芸術動向は造形芸術家だけでなく音楽家も重要な役割を果たした——の発展において「ケージの思考や作品の影響を過小評価することはできない」と見なされ、「フルクサス国際現代音楽祭」でもケージの曲が演奏された。[23] こうした絡み合った状況のなか、ケージは、カプローの系譜のハプニングにとっても、またフルクサスの「ハプニング」にとっても重要な存在だった。あるいは、ケージがオーガナイザーとなった一九五二年の《シアターピース№１》が、最初のハプニングだと位置付けられる場合もある。[24] それは、多ジャンルの芸術家の、「同時に行われつつも統合されない」諸作品（ピアノ演奏、舞踊、写真、絵画など）によって構成されたと記録にある。[25] 後年、ケージをハプニングの「創案者」とみなしたインタビュアーから、「あなた以外が行ったハプニングは常に唯一の中心、この場合はオーガナイザーという中心に結びつけられる恐れがありますね」と問われたとき、「それに対して私のハプニングは誰もが中心にいなければなりません」とケージは答えている。[26] 作者という唯一の中心を持たない構造は、一九六一年作曲の《ヴァリエーションズ２》で「書かれた楽譜と、演奏者側で生じる楽器／電子機器的ジェスチャーの間にある明瞭性、因果関係または所有の関係をあなたは壊したのかもしれない」[27]と評されるなど、「偶然性の音楽」においても見出されていた。

アドルノによれば、ケージらの音楽の絶対的な偶然性には論争的な意味があり、ダダやシュルレアリスムのアクションに接近するものの「彼らのハプニングは、政治情勢に合わせて、政治的に破壊するような内容はもはや持っていない」が、「音楽における完全な自然支配の盲目的理想に、自信を失わせたことは、ケージのどんなに評価しても評価し足りない功績である」のだ。また、「アクションペインティングの影響がないことはまずないだろう」とも付け加えられた（GS 17, 271）。ここで最も重要なことは、具体的な政治的応答性の希薄さの一方で認められる自然支配つまり素材支配に対するケージらの抵抗であるが、他の芸術ジャンルからの影響がその道を開いた側面を示唆してもいる。偶然性の音楽は、図形楽譜の使用や易經に基づきコインで音を決めるなど、[28]視覚芸術の要素や演劇的行為も含んでいたが、まず、それと深く関係する「芸術と諸芸術」のハプニング言及箇所を確認しよう。

芸術間の境界線が解きほぐれていくという傾向において重要なのは、他のジャンルに馴れ馴れしく近づいていくことやあの疑わしいジンテーゼ（総合）——その痕跡が総合芸術作品の名前のなかで驚かせるのであるが——以上のものである。おそらくハプニングは総合芸術作品かもしれないけれど、ひとえに完全な反芸術作品としてなのだろう。（GS 10.1, 433）

ハプニングを含むモデルネの芸術のジャンル間の境界線の流動化を、アドルノは「境界線の解きほぐれ《フェアフランズング》（Verfransung）」（GS 10.1, 450）という語を用いて論じた。ユリアーネ・レーベンティッシュが指摘するように、グリーンバーグと立場を同じくするモダニストという一般的な捉えられ方に反して、アドルノは、境界線の解きほぐれを美学的進歩の衰退というより継続とみなした。[29] ただし、それは無条件にではなく、「解きほぐれの過程が最も力を振るうのは、それが実際内在的に、ジャンル自体に起因するところにおいてである」（GS 10.1, 433）と強調する。その例として、音楽では従来的な調性体系に則った音符よりも柔軟かつ精確に音楽上の出来事を記録する要求としての図形的な記譜法、あるいは造形芸術では「[今日では断念された]空間遠近法と同等の形式組織的原理」を求めようとする平面に留まらない絵画などが挙げられている（GS 10.1, 433）。前者はケージと関連し、後者は画家カプローの手がけた空間化されたハプニングにも当てはまるだろう。カプローの場合、ジャクソン・ポロックのアクションペインティングへの興味からアクションコラージュ技法を開発したが、油彩画からコラージュを経てハプニングに辿り着いたことは示唆的である。[30] ケージにおいては、彼自身の発言として、（正確には、アクションペインティングではなく、）抽象表現主義絵画時代のロバート・ラウシェンバーグやマーク・トビーから影響を受けたものの、[31] 図形的な楽譜については視覚的な効果を狙ったものではなく、「全ては音楽的な強い要求――あるいはむしろ記譜の必然性から生まれている」[32] と述べている。

次に、「ハプニングは総合芸術作品かもしれないが」という箇所に注目するなら、アドルノは戦前に執筆した『ヴァーグナー試論』（一九三七―一九三八年執筆／一九五二年刊行）において、その作曲家の楽劇の特性としての総合芸術作品をファンタスマゴリー、すなわち「まやかしの傾向」（GS 13, 82）を伴う「芸術作品の包括的な組織形式」（GS 13, 92）を目指すものとみなし、「諸芸術を一つにまとめ、夢見心地に混合する」（GS 13, 95）作者のことも「個々の媒体に暴力を加え、全体を損なう」（GS 13, 98）と批判している。一九六三年の講演「ヴァーグナーのアクチュアリティ」においても――多くのことで見解の変化はあるとしながらも――『ヴァーグナー試論』の考え方自体は放棄しないと述べている（GS 16, 543）。先に確認したように、ケージのハプニングあるいは偶然性の音楽の場合、「媒体に暴力を加え」る中心的な作者というものは回避される傾向にあったが、「芸術作品の包括的な組織形式」の完全否定にはなっていないということだろう。ただし、楽劇においてそうであったようにではなく、また、ロマン主義的な「魂の刻印」という主観性の強調（GS 10.1, 439）による諸芸術間の接近でもなく、ハプニングが「総合芸術作品」であるのは「ひとえに完全な反芸術作品としてなのだろう」とアドルノは述べる。いかなる意味で「反芸術作品」であるかということについては、「音楽における完全な自然支配の盲目的理想に、自信を失わせた」ケージの功績を説明したとも言える次の文章に見出せるだろう。

芸術は、生《なま》の素材に対して明白な譲歩をみずから行うことをとおして、精神――すなわち思考及び芸術――がみずから関係して語らせようとする他者に加えるものの幾ばくかを、償おうとする。それが、諸芸術間の境界線の解きほぐれ、いわば、ハプニングにまで至るモデルネの芸術の、意味を欠いた、志向性に敵対する契機の有する規定可能な意味である。（GS 7, 383）

素材を精神化すること、つまり素材に合理的な処理を行う自然支配の意志は、音楽的にはジョン・ケージとその流派などによる「単なる存在としてのむきだしの素材」を用いる明白な挑戦によって終止符が打たれた（GS 10.1, 437）とアドルノは指摘するが、それこそがケージの功績に対する評価である。「むきだしの素材」とは現実の素材の加工ではなく、現実の素材そのものであり、ケージに限らず、カプローやフルクサスのハプニングにも見出せる素材である。つまり、「様々な芸術ジャンルの境界線の解きほぐれは、ほとんど常に、作品が美学外の現実へと手を伸ばすことを伴う」という事態であり、「そのことはまさに現実の模倣という［芸術の］原理へのきっぱりとした反対である」（GS 10.1, 451）ということになる。ハプニングが「完全な反芸術作品」であるということは、その意味で捉えられなければならない。

ここまで、ケージを起点に、ハプニングが有する芸術ジャンル間および芸術と現実との境界線の解きほぐれ、またそれに伴う反芸術性について確認したが、偶然性の音楽では希薄であると見なされた具体的な政治的応答性がむしろ前景化しているのが「理論と実践に関する傍注」に綴られている「行動主義者のハプニング」である。この、まさに学生運動の最中に、「実践と理論は不連続」であり、「理論は社会連関の中に含まれ、また同時に自律的である」（GS 10.2, 780）として、理論にとどまり抵抗することの意味が主張されたテキストの中で、行動主義者の殴打を想起させる直接行動は弾圧に接近しており反動的だとする文脈において言及される。つまり、ブレヒトの本音とアドルノがみなす――前節でもブレヒトの形式的革新性を評価するアドルノを確認したが、それと同じ含みを持って――「根本的に、劇場は世界変革以上に自分にとって興味深い」旨の発言は「行動主義者が時々演出するハプニングが美的仮象と現実の境界線を解きほぐすように、今日、現実と混同する劇場にとって最良の矯正剤となるだろう」（GS 10.2, 779）という一節である。ここでは、六〇年代後半の政治的レトリックを多用するネオ・アヴァンギャルド演劇などの劇場演劇[33]がおそらく想定され、それに対する批判的な形容句のなかでハプニングが登場する。このハプニングが、たとえば、同時代にドイツで結成されたヒッピーコミューンが社会民主党の政治家の葬儀を演出し、のちのドイツ赤軍派のリーダーが参加したこともあって有名な《パウル・レーベの葬儀におけるコミューン１のハプニング》[34]などの政治的目的を第一義とした市街劇のようなものだとすれば、カプローのハプニングからは遠ざかるが、ＳＥＡが「一九六〇年代の前衛的な政治運動」からも影響を受けているという観点からは関連する。そして、

「美的仮象と現実の境界線を解きほぐすように（verfransen）」とは、直前の段落で確認した反芸術性につながる契機である。

ここでのハプニングの用いられ方に見られるように、芸術と現実の境界線の解きほぐれをアドルノは手放しで賞賛しない。なぜなら、「カンバスや単なる音素材を表に出すやいなや、芸術作品は自分自身の敵となり、目的合理性の直接的で間違った継承になる。その傾向の最終地点がハプニングである」（GS 7, 158）からである。つまり、芸術における自然支配への抵抗として、「内在的に、ジャンル自体に起因するところで生じた境界線の解きほぐれ、そうした「反芸術作品」には目的に対する方法の正当性はあるが、合目的性が概念的に全て説明可能となる経験的現実（あるいは科学）とは異なり、「芸術作品の合目的性は非合目的なものを必要とする。そのため、芸術作品自身の首尾一貫性のうちに幻想的なものが入り込む」（GS 7, 155）のであり、その限りにおいて、それはやはり芸術としてはどこか間違っているということになる。そのように、ハプニングの限界は現実との境界線の解きほぐれに起因した結果として示されるが、アドルノの次のセンテンスには、限界の理由である当のものが引き起こす反芸術性によって社会への抵抗となる点は否定されず、当時のこの新しい芸術動向に対する完全にかき消すことのできない希望が残る。

> ハプニングは、芸術が自らの様式化原理やイメージ特性とのその親和性に対抗して独自の現実になるという憧憬に抑えることなく身を委ねる。まさに、そのことによって、ハプニングは自らがそのようなものになることを望んでいる経験的現実に対して最も険しく、ショッキングに論駁するのである。（GS 10.1, 452）

以上、アドルノが言及したケージと行動主義者に関連するハプニングが、歴史的にはそれぞれＳＥＡに影響を与えたカプローやフルクサスの「ハプニング」、および「一九六〇年代の前衛的な政治運動」と親和性があることを論じた。さらに、全集のその他の箇所とも一致する形で、芸術ジャンル間の、また現実とのVerfransung の最終地点にハプニングという語が置かれ、そこに反芸術性および社会への抵抗の契機が――正当性と限界（およびいくらかの希望）とともに――見出されたことを確認した。

４　おわりに

今日、「最終地点」はハプニングからＳＥＡに移行したとも言えるが、サルトルの文学に限定されたアンガージュマンの意味およびその範囲はアドルノの議論により芸術全般のものとして読解する可能性が開かれ、造形芸術領域に位置づけられるＳＥＡを検討する際にも参照可能である。アドルノは、ＳＥＡに通じると見なされるハプニングについてその正当性と限界とを指摘したが、アンガージュマンに対しても同様にその正当性と限界とを指摘した。また、前者における現実との境界線の解きほぐれにおいて生じる功罪は、後者にも該当し、ＳＥＡにも当然引き渡されている。アドルノの美学は、「目的に縛られた芸術」としての側面が強いＳＥＡを否定することに役立つのではなく、アンガージュマンやハプニングに見出された両義性によってＳＥＡを捉え直す契機を有しているのである。

ポール・チャンは、ハリケーンにより壊滅的な被害を受けたニューオーリンズの街に身を置いたときのことを、「通りは静かだった、あたかも時間が家々とともに一掃されたかのように。街は今や荒涼としたＳＦ映画の背景のようだと友人たちは語った。（…）ノースプリュールとレイネスの交差点に立つと、私は突如としてサミュエル・ベケットの《ゴドーを待ちながら》の真ん中にいることに気づいた」[35]と振り返る。ベケットの同戯曲は、サラエボや福島など、紛争地域や被災地で上演されてきたが[36]、ニューオーリンズの場合、上演はあくまでも作品の一部であり、ジャンル（演劇など）や現実（教育や基金など）との境界線の解きほぐれがハプニングよりもさらに進行した形で現れたアートプロジェクトである。本章は、アドルノの美学に対する背信として同作品が存在するのだろうかという問いを出発点としたが、作品がEngagementやVerfransungの傾向を有するというだけでは直ちにそうならないことを確認した。その先の議論は、地域の人種と貧困に起因すると指摘されるハリケーン復興の遅れ[37]など制作当時の（今もなお影響は残るが）合衆国の社会情勢や歴史を前提とした上でのアートプロジェクトの意義、あるいは自律性も有するとＳＥＡの論者らに見なされた同作品の美的形式における変革など、アドルノの美学に沿ってのさらなる検討が必要となるだろう。

注

1　Paul Chan, "On Theodor W. Adorno", *Paul Chan: Selected Writings 2000-2014*, Laurenz Foundation, Schualager and Badlands Unlimited., 2014, p.300. Originally published as "Writing Survey", Frieze, June 2006, p.206.

2　ここでは日本語で最も定着しているＳＥＡ（Socially Engaged Art）を採用したが、その他にも様々な呼称がある。本章で参照した論者に限っても、ビショップはparticipatory art（参加型アート）、フィンケルパールはArt of Social Cooperation（社会的協同というアート）、星野はソーシャル・プラクティスと呼んでいるが、混乱を避けるため、ＳＥＡの論者として紹介した。本段落の引用は、言及順に、https://www.tate.org.uk/art/art-terms/s/socially-engagedpractice（二〇一八年八月一七日閲覧）；Tom Finkelpearl, The Art of Social Cooperation: An American Framework, *What We Made: Conversations on Art and Social Cooperation*, 2013. p.7f.; 秋葉美知子「社会的転回はアーティストではなく、アートワールドか?」、アート&ソサイエティ研究センターＳＥＡ研究会ほか『ソーシャリー・エンゲイジド・アートの系譜・理論・実践――芸術の社会的転回をめぐって』、フィルムアート社、二〇一八年、二六三頁。

3　本段落の引用は、George Baker, A New World Demands a New Language. Paul Chan (2014) *op. cit.*, p.17. および Paul Chan, "On Theodor W. Adorno", *ibid.*, p.300.

4　Claire Bishop, *Artificial Hells: Participatory Art and the Politics of Spectatorship*. Verso, 2012, p.250.

5　*Ibid.*, p.255.

6　Pablo Helguera, *Education for Socially Engaged Art: A Materials and Techniques Handbook*, Lightning Source Inc., 2011, p.36.

7　Grant Kester, On the Relationship between Theory and Practice in Socially Engaged Art. http://www.abladeofgrass.org/fertile-ground/on-the-relationship-between-theory-and-practice-in-socially-engaged-art/（二〇一八年八月一七日閲覧）／グラント・ケスター「ソーシャリー・エンゲイジド・アートにおける理論と実践の関係について」、アート&ソサイエティ研究センターＳＥＡ研究会ほか、前掲書、一一四―一一七頁。

8　Justin Jesty, Socially Engaged Art in Japan Overview. https://sites.google.com/a/uw.edu/seajapan/home/overview（二〇一八年八月一七日閲覧）

9　星野太「ソーシャル・プラクティスをめぐる理論の現状」、アート&ソサイエティ研究センターＳＥＡ研究会ほか、前掲書、一二九頁。

10　本段落の引用は、Ｊ・Ｐ・サルトル『文学とは何か』加藤周一、白井健三郎、海老坂武訳、人文書院、一九九八年、一五―三三頁。ただし、本章における理解の助けとなるよう一部を原文に基づき若干の改訳を行った。Jean-Paul Sartre, Qu'est-ce que la littérature?, *Situations II*, Gallimard, 1948, p.59ff.

11 Claire Bishop, *op. cit.*, pp.94ff. ; Tom Finkelpearl, *op. cit.*, p.20ff.; Pablo Helguera, *op. cit.*, p.IX.

12 Michael Kirby, *Happenings*, E. P. Dutton, 1965, p.11. ニューヨークにおける初期ハプニングに位置づけられたのは、カプローに加え、ジム・ダイン、クレス・オルデンバーグ、レッド・グルームス、ロバート・ホイットマンら。

13 Claire Bishop, *op. cit.*, p.99.

14 カプローがハプニングの担い手と認めたのは、ニューヨークのジョージ・ブレクト、サンフランシスコのケネス・デューイ、パリのジャン・ジャック・ルベル、ケルンのヴォルフ・フォステル、大阪の具体美術協会のメンバー、プラハのミラン・ニザックら。Allan Kaprow, *Assemblage, Environments & Happenings*, Abrams, 1966, p.210. なお、ブレクト、フォステル、ニザックはフルクサスの芸術家ともみなされる。Harry Ruhé, *Fluxus, The most radical and experimental art movement of the sixties.* Verlag A, '79.; Elizabeth Armstrong, *L'esprit Fluxus*, Musees de Marseille, 1995.

15 Claire Bishop, *op. cit.*, p.94ff.

16 Michael Kirby, *op. cit.*, p.9.

17 Pablo Helguera, *op. cit.*, p.11.

18 一九六四年の「フルクサス新聞」におけるカプロー対ブレクトの対談で、「ハプニング」の意味が変容していくことに不満を述べたカプローに対してブレクトが「イヴェント」という語を提案した。Harry Ruhé, *op. cit.*（頁番号の記載なし）

19 一例を示すと、一九六五年六月、ヴッパータールのギャラリーパルナスのクロージング展〈二四時間ハプニング〉の参加者は、フォステル、ナム・ジュン・パイク、ヨーゼフ・ボイス、トーマス・シュミット、バゾン・ブロック、エカート・ラーン、シャーロット・モーマンなど、その大部分が今日ではフルクサスの主要な芸術家とみなされている。**Das Kunstwerk** 誌において、彼らは「ハプニスト」と呼ばれ、同展は「二四時間カタルシス」、「モンスターハプニング」、あるいは「ハプニングはいつも粗暴な要素を抱えている」と批判的な論調で特集が組まれた。ちなみに、この「おそらく最も情報豊富で批判眼を有するモダンアートのためのドイツの雑誌」（美学者マックス・ベンゼ）は、アドルノが評価する近代以降の美術家・芸術動向はアンフォルメルやアクションペインティングも含めて好意的に掲載し、「芸術と諸芸術」においてVerfransungの例として挙げられた画家シュルツェや彫刻家ヴォトルバもよく取り上げていた。その一方で、絵画や彫刻以外の当時の新たな動向には冷淡で、初期ハプニングについては六三年一月号（オルデンバーグ）と六四年一二月号（ダイン）で軽く言及されたに過ぎず、六〇年代を通じて「ハプニング」についてなされた同誌のまとまった唯一の論及が上に示した記事である。*Das Kunstwerk*, Vol.19, Nr.3, Sep. 1965, p.22ff; Vol.16, Nr. 7, Jan. 1963, p.31; Vol.18, Nr.6, Dez. 1964, p.26.

20　Stefan Fricke, Superior sound aesthetics: The works of the fluxus festivals in Wiesbaden in 1962, *Fluxus at 50*, Kerber, 2013, p.52f.

その日に実際に行われたハプニングの一つは、音楽と美術を学び、ケージの影響を受け、フルクサスに合流したナム・ジュン・パイクの《シンプル》であったが、スコアは以下の通り。1．客席に豆を投げる、2．身体中にシェービングクリームを塗りこむ、3．シェービングクリームに米を入れる、4．ペーパータオルのロールをゆっくりと解く、5．バスタブを水でいっぱいにする、6．元の場所に戻り赤ちゃんのおしゃぶりを口にくわえてピアノを弾く。Alexander Klar, The birth of fluxus: from the spirit of music: Fluxus in Wiesbaden, ibid., p.24.

21　ケネス・シルヴァーマン／柿沼敏江訳『ジョン・ケージ伝――新たな挑戦の軌跡』論創社、二〇一五年、一三四頁。

22　Tom Finkelpearl, *op. cit.*, p21.

23　Stefan Fricke, *op. cit.*, p.45.

24　Gary Botting, "Happenings," *The Theatre of Protest in America*, Edmonton: Harden House, 1972, p.13.

25　https://www.icaboston.org/events/theater-piece-no-1-x-50-theater-piece-no-1-revisited（二〇一八年九月三〇日閲覧）具体的には、デイヴィッド・チューダーのピアノ、マース・カニングハムの舞踊、ロバート・ラウシェンバーグの写真、フランツ・クラインの絵画などで構成された。

26　John Cage, *Pour les oiseaux : entretiens avec Daniel Charles*, Belfond, 1976, p.44.（一九七〇年のインタビュー）

27　*Ibid.*, p.126.

28 James Pritchett, *The Music of John Cage*, Cambridge University Press, 1992, p.79ff.

29 Juliane Rebentisch, *Ästhetik der Installation*, Suhrkamp, 2003, p.106.

30 Hannah Higgins, *FLUXUS EXPERIENCE*, University of California Press, 2002, p.105.
理論家でもあるカプローは、「芸術と諸芸術」の講演と同じ年に上梓した『アッサンブラージュ、エンバイロメンツ、ハプニングス』（一九六六年）において「コンテンポラリーアートは自らの伝統的範囲の外へと移っている」と、アドルノ同様、芸術ジャンル間の流動的状況を語っている。Allan Kaprow, *op. cit.*, p.154.

31 John Cage, *op. cit.*, p.157ff.

32 *Ibid.*, p.159.

33 新野守広「ドイツ語圏の演劇のポストドラマ的な傾向について」、ことば・文化・コミュニケーション（2）、立教大学（二〇一〇）三四頁。

34 Thomas Giefer《Happening der Kommune 1 bei der Trauerfeier für Paul Löbe》(1967)

35 Paul Chan, *Waiting for Godot in New Orleans: A Field Guide*, 2011, p.26.

36 スーザン・ソンタグの演出で、ボスニア・ヘルツェゴビナ紛争中の一九九三年七月一七日から計一七回、《サラエボで、ゴドーを待ちながら》が上演された。また、東日本大震災後の福島第一原発三〇キロメートル圏内で二〇一一年八月六日にかもめマシーン（萩原雄太演出）による《福島でゴドーを待ちながら》が上演された。

37 Michael Eric Dyson, *Come Hell or High Water: Hurricane Katrina and the Color of Disaster*, Civitas Books, 2007; Tom Wooten, *We Shall Not Be Moved: Rebuilding Home in the Wake of Katrina*, Beacon Press, 2014.

第四部　風景と崇高

第8章　二重化する「風景」とその行方
――ヨアヒム・リッターとの比較を通じて

府川純一郎

テオドール・W・アドルノとヨアヒム・リッターは、同じ一九〇三年に生を受けた――。とはつまり、ワンダーフォーゲルに代表される自然への美的回帰運動の空気の中で青春期を過ごし、その後、二つの世界大戦による荒廃と破局を通じて、西洋近代への懐疑と哲学的反省を必然的に迫られたことを意味する。この二人の哲学者は、六〇年代に哲学あるいは美学史的に極めて重要な、自然美への論考を残している。一九六二年に講演、翌年出版されたリッターの『風景』と、未完の絶筆となったアドルノの『美学理論』（一九七〇年）における「自然美」章である。この二つのテクストは自然の美的享受、とりわけ「風景」という美的概念が、（一見してそれと対立的緊張関係にある）世界の近代化を通じて、すなわち科学的技術進歩と合理的思考の徹底による自然支配能力の大幅な拡大を糧として、むしろ成立したという、両者の弁証法的関係を指摘している点で共通している。また美的自然領域が、その外部として、近代化によって毀損された人間性や社会の補完として機能している点も認識されている。自然美を巡ってこうした認識を共有し、また戦後ドイツにおいて非常に有力な「学派」の形成者となった二人であるが、その知的交流は、この二つのテクストに限らず、文献学上ではほとんど確認することができない[1]。

しかしながら『美学理論』の執筆を念頭に既に五〇年代半ばから精力的な準備と小考察の公表を続け[2]、ヘーゲル以来不当に貶められていた「自然美の再審請求」（GS 7, 99）を目指していたアドルノが、講演後すぐに評判を呼んでいたリッターの講演内容を知らなかったとは考えにくい。本章にて筆者は、両テクストの比較検討を行い、自然美章でのアドルノの論究には、リッターと共通する思考枠組みが採用されているだけでなく、逆に要所においては、リッターの主張を意識した上での（あるいは結果的にそうなっている）批判的な言葉の選択がなされていることを明らかにしたい。それを補助的な目的としつつ筆者は、アドルノがリッター同様に、風景と近代化の弁証法的な共生関係を認識の出発点としつつも、そこから擁護や肯定ではなく、更なる批判的洞察を導き出したことを論証する。

この二つの目的を達成するために、本論を以下のように進める。まずリッターの風景論の内容と（第1節）、それとアドルノとの共通認識を確認する（第2節）。次にアドルノが同じ認識を土台にしつつ、リッターが結論を導いた地点よりも後代へと考察領域を移して議論を進展させ、間接的にリッターの結論に対して不満と疑念を表明していることを指摘する（第3節）。その後、風景を巡るアドルノの独自の美的洞察に着目し、彼が風景に近代化の傷を補完する外部としての機能だけでなく、近代化の傷そのものの「表現」を見出し、風景概念に対する二重の定義を確立しようとしたことを示す（第4・5節）。最後に、近代化の終わりなきかつ呵責なき進展という現実における風景の在処について、アドルノが芸術領域に手掛かりを求めつつ、危機意識を持って思考したことを示し、その意義とリッターとの差異を鮮明に提示する（第6節）。

1　リッター美学における風景概念

ヨアヒム・リッターは、そのよく知られた風景論（一九六三年）[3]において、「風景」を「感情と感覚をもって観照する者に対して、眺めの内で美的に現前するような自然のこと」（L.150）と定義しつつ、それが世界の近代化によって初めて登場した概念であることを主張した。彼は一三三五年、ペトラルカがヴァントゥー山登頂に際して残した記録を引き合いに出し、そこに風景の発見という一大事件が生じたことを確認する。

リッターによれば、ペトラルカの登頂以前に存在していた西洋人と自然の関わり方は二種類であった。一つ目は自然への実践的関与である。原始的ないし田舎的な生活を営む人々にとって「森は（…）材木、土は耕作地で、川や海は漁場である」（L.147）。自然は生活の現場であり、時には災害を引き起こす、恐るべき対象でもある。自然にあまりに強く結びついて生きる人間は、自然を実践的に観察することしかできない。しかし他方、そうした実践活動を幾ばくかでも免除された人々、例えば哲学者や神学者にとって、自然は真理や神的なものに「直観しつつ観察する」（L.144）ことを通じて出会う特別な場所、すなわちテオリアの舞台であった。アリストテレスと古代後期ヘレニズム哲学において、世界秩序（コスモス）の、より根源的な概念として自然（ピュシス）が用いられる場合には「常に、テオリアの対象として、「全自然」のことが考えられている。そしてこの「全自然」とは、自然において存在している全てのものの根底に横たわり、かつその自然の内に現前しているものなのである」（ebd.）。自然をテオリアの意味で「観る」とは、自然を真なるものや神の分有、ないし媒介として「観る」ことである[4]。自然に接して「直観しつつ観察する者」はそこに、自分自身を含む、全ての現象する個物と、真なるものとを包括する全体性を認識しようとする。ペトラルカが、その無意味で危険な行為を止めさせようとする牧人を横目に、山頂を目指して歩み始めた時、彼らはまだこの伝統的な関係の内に生きていた。ペトラルカの目的は、山頂から「周囲の偉大な自然の眺めを享受することを通して、神を愛しつつ、それをありありと眼前に思い浮かべる」ことであった。

しかし彼は山頂に立った時、四方の雄大な眺めに打ちのめされ、惚けてしまう。しばしの間、彼は我を忘れ、自分の目的も忘れてしまう。そして彼は徐々に己自身への羞恥と憤怒に見舞われる。なぜなら自分は神的なものではなく「地上のものに感嘆していた」からだ。ペトラルカは、これからはただただ己の魂にのみに向き合い、二度と登山のような馬鹿げた振る舞いはすまいと固く決心するのである。リッターがここで着目するのは、ペトラルカが神的なものという観念と関係することなしに、自然に心を奪われたこと、言い換えれば、全自然をテオリアではなく、美的な仕方で感受したことである。

ペトラルカは周囲の眺めに「感嘆」しているのだから、彼の自然感受は単なる感覚器官による感受にとどまらない。テオリアによる全自然の感受がもはや立ち行かなくなった時、代替機能として「美的感受」が登場したのである。ここではまだ束の間で済んだテオリアの機能不全を、近代化の疑いなき予兆としてリッターは解釈する。確かにペトラルカは即座にテオリア的観察態度に立ち戻ることが可能であった。だが彼において生じた歴史的な機能不全は、もはや取り消すことは出来ないのである。

テオリア的観察と「理性的概念」(L.153) の運用によって自然の全体性を導きだそうとする、従来の哲学的方法は、自然科学の時代にあっては、その説得力を失うことになる。自然科学は自然支配能力を飛躍的に高め、それによって人間の自由を拡大させる。その際、自然は神学的・形而上学的性質を剥奪され、技術利用の対象へと変換される。全ての存在者と神的なものとの調和を約束する観念である全自然は、いわば全諸物の単なる寄せ集めへと解体されてしまう。けれどもリッターは、ここで自然の疎外化と同時に、「自然が風景になる」（L.147）ことに目を向けさせる。「風景としての美的自然は、形而上学的な概念理解から引き離された自然科学の対象世界に対抗するようにして、直観され内面から生まれてくる〔感情と詩的想像力を伴った〕像の中で、自然の全体の「コスモスの内にある調和のとれた一致」を媒介して伝え、美的な形で人間にとってありありと現前化させ続けるという機能を引き受けたのである」（L.153）。近代において全自然という観念は、「論理的で形而上学的な真理」（L.156）としては、破綻せざるを得ない。だがそうした真理の下位では断じてない、「美的真理」（ebd.）として保存されるのである。

この真理の移行の感銘深い描写を、リッターはゲーテ『若きヴェルテルの悩み』の次の一節に見出す（L.147）。

美しい谷間がまわりにけぶり、真昼の太陽が、昼なお暗いぼくの森の表面にかかっている。（…）やがてあたりがたそがれてくる。そして、まわりの世界も天空も、ぼくのたましいのなかにすっかり安らう。（…）〔その時、〕みずからの姿に似せてぼくたちを造ってくれた全能者の現存、ぼくたちを永遠の歓喜のなかに漂わせ生かしておいてくれる全愛者の息吹き、ぼくはそれをひしひしと感じる。

ペトラルカと違ってゲーテは自然を美的に享受することを拒絶しない。むしろ彼はこの享受において、完全無欠の全体性を感じるのである。ここにあるのは、移行の過程において生じた幸福な瞬間、神と自然と自身の魂が美的な仕方で一つとなった瞬間である。

こうして自然の美的感受は、人間の自然からの疎外を克服するだけでなく、そうした疎外が導いた、人間の自己疎外をも克服する。それをリッターは、シラーの詩『散歩』に即しながら次のように説明する。

この詩の冒頭において「牢獄のような部屋、偏狭な談話を逃れた」詩人は、「晴れ晴れと」自然の中に救い出される。「天空の静謐なる青さ」「褐色の山並み」「緑なす森」という風景が、「自由に感じ取ろうとする者」である彼の前に開けてくる。しかし彼はその風景の中で、自分が「幸せな田園の民」やその周囲に「隣人のように休らう」自然から、疎遠な存在になっているとも感じる。これは自然の美的感受が、自然連関に埋没している過去のあり方から抜け出すことで成立したことの証左である。彼は差し当たり、そうしたかつてのあり方を懐古的に「幸せ」であったと評するが、その見方は変わっていく。彼は「田畑と窮屈な規則を喜んで分かち合い」、「未だに自由に目覚めることのない」人々のことを考えながら、今しがた自分がうんざりして離れてきた都市を想う。そこでは「自由な産業が、所有の喜びにかられ、はつらつと燃え上が」り、「鋼鉄」や「機織り」が港から次々に輸出され、言語の違う様々な人々が市場を行き交い賑わす。都市とは産業と労働と芸術の揺籃であり、まさに「創造する精神」そのものだ。

リッター曰く、たとえ苛烈化する競争と機械化の凄まじさに皮肉を向けていても、シラーは都市の人々の方を幸いだと判断している。人間を自由にする都市の活動に「驚嘆する眼差しの前では、霧は消え失せる。そして闇夜が形づくるものは、明け行く光に道を譲る。人間は、その桎梏を打ち砕く、この幸いなる者は」。ここで散歩者は自然を美的に享受すると同時に、人間の自由を可能にした自然支配をも首肯する。リッターはここに近代の精神を認め、例え人間と自然との分裂が実際に様々な問題を引き起こし、そうした分裂によってそれを悲しむ感傷的な感情が喚起されていようとも、人はかつての自然との一致状態に戻るべきでないことを確信する。そうして彼は次のように持論を総括する。

つまり自然を物象化することによって人間に自由をもたらしたその同じ社会と文明こそが、同時に、人間として存在することの豊かさを、生き生きと現前化するための機関［＝美的自然、風景］を――社会はこの機関以外には、人間存在の豊かさにどのようなリアリティーも表現も与える術を持たないのだが――形成するように精神に強いるのである。（L.163）

この総括は、自然の美的感受と人間の自然疎外と自己疎外とが補完関係であることを示し、それに積極的な意義付けを行っている。風景とは自然支配の産物であると同時に、その支配が与えた傷を癒している、と考えるリッターの風景美学は、近代を擁護する哲学である。近代化はそうした仕方で、己を完全なものとしていくのだ。

２　アドルノとリッターの共通見解

自身の所謂「補完理論」に裏打ちされたリッターの風景論と、アドルノの『美学理論』の自然美章を比較すると、両者が共通する見解から出発しながら、全く対照的な風景論を構築していることに驚かされる。風景とは近代の歴史的に形成された概念だと論じるリッターと同じく、アドルノもまた自然美と自然支配とは相即不離の関係にあると主張する。彼もまた、自然は一定程度その脅威が制約される以前は、ただ実践と恐怖の対象でしかなかったという前提から出発している。

自然が人間を圧倒しているような時代においては、自然美は存在の余地がない。農業は現象する自然を直に行動対象としているが、それを生業としている人達は風景に対する感情をほとんど持たないことはよく知られている。自然美は非歴史的と言われているが、歴史的な核をもっているのだ。これが自然美を打ち立てもすれば、その概念を相対化しもする。（GS 7, 102）

ある暴力（例えば自然のような暴力）があるものの（例えば人間の）生存を脅かしているような状態を、アドルノは「呪縛圏」あるいは「神話的呪縛」と名付ける。そのような圏内では自然美は概念的に存在しないのだから、自然美はもっと後の時代に、人間が呪縛圏から相当程度脱出した段階において、ようやく成立したといえる。そして農業従事者は依然として風景に関心を示さない、という言及は、風景概念は都市生活と並行して登場したと、彼が考えていることを示している。

さてアドルノが亡命中、ホルクハイマーと共に書き上げた歴史哲学書である『啓蒙の弁証法』には、呪縛圏から身を引き剥がそうとした人間の、苦渋に満ちた歩みが記されている。そして既に知られている通り、この書が明かしたのは、神話的呪縛圏から抜け出す歩みそのものが、新しい、第二の神話的呪縛圏を生み出したということだ。自己保存や自然という呪縛圏から抜け出すという自らの目的のために、啓蒙を通じて組織した社会が、巨大な抑圧機構へと変貌したのである。その際に啓蒙、すなわち自然支配の思考法は、人間支配へと適用される。啓蒙化された観察態度、つまり自然科学的観察態度は、自然の全体性を諸物の単なる寄せ集めへと解体するのだが、同じく人類を、単なる諸個人へと解体するのである。

社会における単なる諸個人は、「計算可能性と有用性の尺度」（GS 3, 22）に沿って観察され、常に「実用的」（GS 3, 51）であるように厳命される。生産システムは徹底的な分業によって形作られる。「支配され、抑圧され、自己保存によって解体される実体は、もっぱら自己保存の遂行をその本質的機能としている生命体、つまり保存されるべき当のものに他ならない」（GS 3, 73）のであり、「あらゆる関係や活動を包括する全体的な社会の媒介を通じて、人間は自己の原理という社会の発展法則が［かつて］背を向けた当のものに、つまり単なる類的存在に、後戻りさせられる。ただし［今度は］強制的に管理された集団性の内で孤立化させられることによって互いに等しくされてしまう」（GS 3, 54）。そうして諸個人がなす術なくこの「第二の自然」へと呑み込まれていく時、第一の自然が美しいものとして立ち現れてくる。というのも第一の自然は、支配を加えられることで徐々に無害化され、観るものにあたかも第二の自然の外部であるかのような印象を与えるからである。

「長きにわたり自然美の感情は、整理整頓された世界に打ち当たっては、一人きりへと突き返される主体の苦しみにつれて強められてきた。自然美は世界苦の痕跡を伴っている」（GS 7, 100）。彼はその例として『魔弾の射手』第一幕の一場面を提示する。それは自分の結婚を巡る騒動で憔悴したヒロイン、アガーテが、息苦しく感じられる部屋からバルコニーに抜け出し、星煌めく夜空に「なんて美しいのでしょう！」と感嘆する場面である。アガーテの自然美体験が彼女の社交における苦しみに媒介されているのと同じく、自然美とはその最初の登場から人間の社会における経験に媒介されている。この媒介性が自然美の核を形成しているのだ。自然空間が、そこで「抜け出そうとする衝動」や「呼吸をしたい」（ebd.）という衝動に応じられる美的空間として機能することは、人間の歴史がある進歩段階に在ることを告げている。「第二の自然へと石化した社会における主体の無力さが、いわゆる第一の自然へ逃避する原動力となる」（GS 7, 103）。アガーテと先の散歩者、この牢獄のような部屋から自然空間へと足を向ける両者は、この「原動力」を共有しているのだ。

もしアドルノの述べたことがここまでなら、彼の結論はリッターのそれ――人間の自然疎外と自己疎外が美的自然を補完的に生じさせ、後者が前者の傷の治癒となる――と同じとなるだろう。アドルノは近代社会を「第二の自然」として、あまりに悲観的に描いたと度々批判されるが、自然支配の水準を以前の段階へと引き下げることには何の意味もないという意見も、近代の擁護者と分かち合っている。

自然美の経験は、少なくともそれを経験している者の主観的な意識からすれば、あたかもその経験が根源と直に触れているものであるかのように、自然支配に至る一歩手前で踏みとどまるものだ、という事態はその強みと弱みをはっきりさせる。強みとは、その経験が、恐らく実際には一度として存在しなかったであろう、支配無き状態を想起させることにある。弱みとは、それによって自然美の経験が、そこからゲーニウスが立ち上がる段階、支配なき状態において実現されるであろうような自由の理念の始まりの段階である、かの無定型な状態へと溶解してしまうことである。過去に自然美の中での自由があったという想起は、人を誤りに導く。なぜならそれは自由を太古の不自由の中に期待しているからである。(GS 7, 104)

3　誤った社会の補完としての美的風景

しかしアドルノがリッターの結論に満足することはない。彼の論究はより弁証法的で能動的な方向へと進んでいくのである。リッターは自らの講演を、ゲーテやシラーが詩を書いた時代、所謂「ゲーテ時代」で締めくくったが、アドルノはまさにその点を問題視する。繰り返しになるがリッターは、風景は、支配とそれ故の「人間の非人間化」によって特徴付けられる近代の生に対して、「人間として存在することの豊かさを、生き生きと現前化する」、と主張する。ではこうした現前化が風景の課題であるならば、風景は支配のイメージから遠ければ遠いほど、より一層美しいものになる、ということになるだろう。つまり支配を思わせる物体や痕跡は、良い風景からは排除されなければならない。近代人の「良い風景を眺める為に（…）危険を冒して山道を登り、法外な出費を重ねて旅に出かけ、自宅の窓から景観を台無しにするような建造物の施工主を相手取って訴訟を起こす」[6]振る舞いも、この論理から帰結してくる。

恐らくリッターならばこの振る舞いを、近代人の正当な要求として、あるいは常に何か全体的なものを把握しようとする、人間存在の形而上学的要求として擁護するだろう。『散歩』でも、都市と自然空間ははっきりと隔てられており、この鋭いコントラストが詩を実に魅力的なものにしている。この詩の前半部で描かれる風景には、後半部に出てくる近代的な生産物は一切姿を見せない。このコントラストは当時の状況に沿っていたのであろうが、自然空間を近代的生産物で埋め尽くし、際限なく近代化し続ける今日の世界では、もう見つけることは出来ない。ゲーテ時代にあっては、馬乗りすれば容易く入り込むことのできた美的自然空間は、ますます希少なものになっていく。そうした事態は自然保護運動を生じさせもするが、美的自然空間を人工的に作り出し、それを景勝地や保養地として、「商品」として提供するビジネスも生じる。

だがそうした仕方での風景の美的享受は、社会で受けた傷を、自然での豊かな生の経験を通じて治癒することを意味しない。むしろ、すっかり社会に従属させられ、管轄され、商品化された自然が、社会の外部だと誤認されている。言い変えれば風景は、生き生きとした豊かさを経験できる自然空間は今なお存在する、という不当な「アリバイ」(GS 7, 107) の役目を果たしている。アドルノは、「自然美は全面的に媒介され、自然美が自然美の戯画になっている」(GS 7, 106) と考える。こうした時代で、なおもリッター的な補完理論を信ずるとすれば（そしてアドルノのここでの言葉遣いは明らかにリッターへの批判を含んでいると考えられる）、それは社会の悪しき疎外体制の補完と延命しか意味しかない。なぜなら「支配的なものになった都市生活は、イ̇デ̇オ̇ロ̇ギ̇ー̇的̇補̇完̇物̇として、都会的なものに従いながらも市場社会によって加えられた傷跡をその額に記していないものを吸収する」（GS 7, 101 強調点引用者）からである。いわば社会は美的自然を商品として自身の論理に取り込み、それを己の延命のために利用するのである。しかし彼は、近代化が（ここではゲーテ時代の）風景を傷つけた事実を認めつつ、それを風景概念の失墜として捉えるのではなく、全く逆に、風景概念の哲学的な深化として捉えるのである。

4　自然支配の表現としての美的風景

アドルノは自然美が、その定義も対象も歴史的に変容する概念であることを「文化風景（Kultur-landschaft）」の登場を例に説明しようとする。

自然美の概念はそれ自体が歴史的に著しく変化するものであるが、その点を最も端的に示すものとして次の事実がある。人工物の領域として元来自然美の概念に対立するものと見做されなければならない領域、つまり文化風景という領域は、恐らくは19世紀において初めてそうなるのかもしれないが、自然美の領域に組み込まれた。（ebd.）

彼はこの不可思議なカテゴライズが成立した理由を問いかける。彼は「歴史的建造物はしばしば、周囲の地理的環境との関係において、例えば用いた石材によって周囲の環境と似ることによって、美しく感じられる」と説明し、さらに確固とした計画抜きに何か形式的なものが立ち現れた偶然性が、自然美を思わせるのだ、と続けて考えていく。だが結局、そのような建築物は「自然美に関する世間一般の見解として通用している、不可侵性という性格」とは本質的に相容れないことを確認することになる。「様々な文化風景にはその表現として歴史が、形式として歴史的連続性が刻み込まれており、それらがこれらの文化風景を力動的に統合している。こういったことは、文化風景以外では、芸術作品の場合において頻繁に確認されることだ」(ebd.)。

そうなると、自然的なものではなく、歴史的なものにその本質を持つ文化風景が、どうして自然美に組み込まれたのか、という問いが生じてくる。この問題に対してアドルノは、歴史的弁証法の立場から回答を導き出そうとする。まず、先に確認したように、自然美はそもそも自然支配という条件の下で成立しており、従って歴史的な核を持っている。自然美は本質的に歴史的であるのだから、自然美の内容や対象が変化していくことは筋が通っている。自然美は従来、都市との隔絶、近代的産物の不在によって、不可侵なものとして規定され、尊ばれてきた。だがそれも、この概念の確定的な規定にはなり得ない。かつての自然の美的経験が、全自然の観念をなお約束し、疎外とは逆のイメージを与えていたことをアドルノは否定しない。しかしその経験も、歴史的弁証法の過程において、解体していくのである。

フンボルトの自然描写はどのような自然描写と比較してもいささかの遜色も見られない。彼の荒々しく波打つビスケー湾の描写は、崇高さについて語るカントの最も力強い文章と、ポーの手による大渦巻についての描写との中間に位置している。だがこうした描写はその歴史的瞬間と結びついたものであって、

二度と繰り返されることはないのである。(GS 7, 112)

自然美の領域に文化風景が取り込まれたことは、近代化の波が地球の土地を隈なく侵食していった事実と無関係ではないだろう。だがアドルノはこれを、「建造物」に侵食されていない風景などもはや見ることができなくなったが故に、自然美概念ないし風景概念が概念拡張によって、やむなく文化風景を適用対象として受け入れたのだ、とは理解しない。むしろ逆に、風景に「建造物」が入り込んだことによって、自然美がそもそも自然支配の産物であること、自然美は人間が自然を毀損して抑圧することで存在している、という真実が人々に開示されたと考えるのである。

すでにゲーテやシラーにおいて、保養地で自然を満喫する観光客に見られる自己欺瞞の傾向が存在するのは否定できない。なぜならそうするためには、己が満喫している自然が、人間の自然疎外と自己疎外を招いている自然支配の上に成立していることを、意識的であれ無意識的であれ忘却しなければならないからだ。この事実はゲーテ時代では理解され得ない。だが「建造物」が風景をさらに傷つけた時、一方ではそうした侵害への拒絶反応が掻き立てられた。だが他方で、この現象は風景の歴史的内実を明らかにしているのだから、それこそ風景概念の中に組み入れなければならない、という思考も働いた。それゆえ、文化風景の本質は歴史的なものにある、と彼が言う時、それは単に風景内の具体的建築物（=「形式として［の］歴史的連続性」）を指すだけでなく、風景概念を形成する自然支配の歴史をも指しているのだ。文化風景において現れる「表現として［の］歴史」とはこれを意味するのである。

5　廃墟としての風景と、美的風景の二重の定義

自然支配の傷跡を美的に表現する風景の表象が一九世紀に生まれた。「こうした美的層を発見し、この層を集団的意識に帰属させるといったことが行われ出したのは、ロマン派の時代にまで遡るが、恐らくそれは廃墟崇拝を先頭に始まったかもしれない」（GS 7, 101）。ここでアドルノが当時の廃墟崇拝に言及することは、先の考察を経れば理解しやすい。廃墟は、それまでにそこに加えられた有象無象の暴力を思い起こさせるのだから、歴史の傷跡とみなすことができる。その中に朽ちた建造物があたかも瘢痕《はんこん》の如く残されていることで風景は、生き生きとした全自然という装いの下に隠されてきた支配の表明へと変容するのである。ロマン派の詩人たちは廃墟に接して、風景概念の歴史性を把握したのである。

アドルノにとっても、風景の美的内実は、生き生きとした自然空間ではなく、ロマン派詩人の廃墟にあった。だがそうであれば、こうした疑念も出て来よう。つまり、確かに風景は、自然支配とその痛ましさを告発するという美的機能を獲得したのだろう。しかしそれならば、その認識の徹底が要求される限り、例えば工業的な建物に侵食された風景の方が、より啓発的なものとして好ましく現れるのではないか、という疑問である。これはもっともな問いだと思われる。だがそれには誰もが「しかしそれは美しい風景ではない」と反論するだろう。そしてその反論は正当である。というのも、今や風景はその概念定義において自然支配の表現となったが、それによって自然支配の外部の美的仮象という、風景の根源的な定義は帳消しにはならないからだ。工業的なものに完全に侵食された風景は、最初の定義のみを（十分すぎるほどに）満たしているのだ。その点、廃墟が残された風景や文化風景は、風景概念のこの二重の定義に応えている。それらは「過

去における現実的な苦悩を刻みつけたものとして」(GS 7, 102)、「歴史の表現として」自然支配を告発しながら、その朽ち、古びた姿によって所謂古き良き過去を、自然支配の進展前にそうであったとされる、理想の世界を想起させてもくれるのである。それゆえ、景勝地としてあっという間に商品化され、「戯画」に堕すリスクを常に抱えていても、「それがたとえいかにいかがわしく時代遅れのものであろうとも、古びた痕跡としての無媒介性には、[現行世界に対する] 矯正という権利が与えられることになる」(ebd.)。

しかしながら、美的経験は常に歴史的、弁証法的運動の渦に巻き込まれている。自然破壊や箍《たが》が外れた如く進み続ける風景の侵害という新しい問題は、美的経験の条件を決定的に変えてしまう。アドルノは、自然におけるあらゆるものは美しく見ることが可能だと主張する論者に対して、その言い分を認めた上で、こんな反論をする。「しかしトスカーナの風景はゲルゼンキルヒェン近郊のそれよりも美しいという判断も、同じくらい真実である」(GS 7, 112)。後者の風景は美しくない。なぜなら、自然支配の外部という仮象を示さないからである。ただ自然支配だけが表現され、自然との宥和が表現されていないのだ。『ミニマ・モラリア』に「風景 (Paysage)」という題で収められたアメリカの風景評は、そうした判断の説明になっている。やや長いが全文を引用しよう。

ロマン派的な幻想を抱く人は、アメリカの自然の欠点は歴史的な思い出を欠いていることにあると考えがちだが、それよりも人間の手の痕跡が残されていないことの方が大きい。耕地が見当たらないとか、自然のままの森がしばしば藪のように背が低いとかいうばかりでなく、何より問題なのは道路である。道路は全て唐突に自然を貫通しているという風であって、眩しく光る帯状のそれが幅広く滑らかであれ

> ばあるほど、野生のままに放置された周囲の自然と無関係で、押し付けがましいという感じがする。こうした道路には表現がない。人の足跡や轍の跡がなく、縁沿いに植物界への移行を示す長閑な歩道があるでもなく、谷間に下る横道も持たぬこれらの道路には、人間の手や手の延長である道具が弛みなく働きかけた事物にだけ見られる、角の取れた、心の和むような柔らかさにかけている。自然そのものが、喩えてみれば今まで誰にも頭を撫でてもらったことがないような侘しさで、荒涼としている。こうした自然を知覚する流儀もそれ相応のものである。なぜなら車で走り抜ける人の慌ただしく目に映る風物は、目に留まらないからだ。視界の中に痕跡らしいものが見当たらぬように、外界そのものも跡形なく消えて行くのである。（GS 4, 53f）[7]

ハイウェイのある風景の大きな欠点は、生コンクリートの運搬車やロードローラーのそれがあっても、「人の手の痕跡」、「人間の手や手の延長である道具が弛みなく働きかけた」痕跡がないことにある。素朴な山道では、歩むのと道を造るという行為が一つとなっている。最小限の支配を長い年月をかけて自然に穏やかに加え、辺りの自然の方もそれに馴染んだものは、自然から宥和の表現を引き出すというのだ。

しかし美しい過去への感傷的な眼差しは、後戻りが不可能であることを意味している。というのも、アドルノは、幼少期に親しんだアモーアバッハの風景を念頭に、そうした宥和的風景を懐かしむ。だが「功利主義によって奇形化した進歩によって地球の表面に暴力が加えられている」（GS 7, 102）時代には、そうした風景はますます僅少なものになっていく。そしていずれは、既に多くの観光都市や保養地が様々な対抗策を講じて、その商品価値を守ろうとしているように、文化風景さえも失われていくだろう。人々はハイウェイのような風景だけが、この地上で視認可能な一般風景となることを覚悟しなければならない。未来においては、支配と宥和を同時に表現する風景、二重の定義を満たす風景は消え失せるかもしれない。その時、ハイウェイの運転者にとってそうだったように、風景とは眼中に収めるに耐え難いものでしかない。風景を無視する、という態度には、自然支配の痕跡をどうにかして緩め、和ませ、受容可能にするような営みは存在しない。とはいえそうした営みを（風景の状態を直接的に変えるという仕方、つまりは）物質的な仕方で行うことは、極めて困難である。唯一可能な仕方は、主観的なそれである。つまり、耐え難い風景をそれでも耐えられるものにする為に、己自身の見方や感受性の方を変えていくのだ。そしてアドルノは、その方向性を突き詰めた試みを、「風景画」[8]という芸術において発見したのだ。

6　風景の行方

アドルノによれば、すでに一九世紀の優れた芸術家にはそうしたことが予感として与えられ、それに応じる、真剣な試行錯誤がなされていた。彼の風景画への審美眼は、その作品がそうした課題を引き受けているか否かに集中している。その際、ドイツの印象主義は、「ドイツの印象主義者が描く緑の森に、ホテルの部屋飾りとしての絵に描かれたケーニヒ湖を凌ぐ品位があるとは到底言うことはできない」（GS 7, 105）、とほぼ最低の評価を受ける。理由は明白である。彼らはただ単に近代化に対して、ますます少なくなっていく森へ逃げ込んで、そこで全自然というとうに壊れた理念を描いたからだ。それと対照的なのは、滅多に純粋な自然を主題としなかった、フランスの印象主義者である。彼らは対象として純粋な自然を選んだ場合でも、「シスレーの冬の自然のような死んだ自然」を描き、大抵は「バレリーナやジョッキーといった、とても人工的なもの」（ebd.）を選んだ。バレリーナやジョッキーへの「とても人工的（so künstlich）」という形容が何を意味するのか、アドルノはそれ以上説明しない。しかしこの一節を書いた際に、彼がどんな絵を念頭にしていたかを探っていくと、ここで何が言われようとしていたのかが分かってくる。

彼はジュ・ド・ポーム国立美術館を訪れた際、鑑賞した作品に対して、示唆に富む覚書を残している。同美術館では当時、ドガの《ダンスのレッスン》と《観覧席前の競走馬》が常設されていた。（またシスレーの《ルーヴェンヌの雪》も同じく常設されており、先の「シスレーの冬の自然のような死んだ自然」の一文には、これを念頭においていたと思われる）。最初の絵では若きバレリーナたちが描かれ、彼女たちは杖を持ち鋭い眼差しを持った初老の男性から指導を受けている（図１）。

図１　ドガ《ダンスのレッスン》1873-75 年頃

次の絵では競走馬が騎手に手綱を引かれている。画面中央の一頭は、抵抗して暴れるものの、騎手から無理やり制御を加えられている（図２）。

こうした絵からアドルノは、動物や女性をより自然存在に近いものとみなした上で、ドガはそれらを支配され、「人工的な」調教を受けているものとして理解し、その痛ましさを作品に落とし込んだのだ、という解釈を引き出したのだろう。彼のフランス印象主義者たちへのこのような評価は、『美学理論』の次の一節で示された、クラウスへの好意とも関係している。「言語を用いてそのような形象を救い出すことが、カール・クラウスの目論

図２　ドガ《観覧席前の競走馬》 1879 年頃

図３　モネ《アルジャントゥイユの鉄道橋》1873-74 年頃

見だったのだが、それは資本主義の下で抑圧されているもの、動物、風景、女性を擁護する彼の態度と重なり合っていた」(GS 7, 99)。純粋な自然という夢想に浸ることはなかったフランスの印象主義者は、近代的「建築物」を、躊躇することなく自らの風景画に描き入れるのである。だが彼らはそれによって風景画を、近代化によって傷つけられたものの姿としてだけではなく、近代化と宥和したものの姿として描き、かの風景概念の二重の定義を満たそうとしたのである。そのことを、モネの《アルジャントゥイユの鉄道橋》(図３)に対する覚書が、次のように説明している。やはりこれも長いが、引用する。

フランス印象主義の画家たちの知覚形式や描き方にではなく、彼らが描いている対象にひとたび目を向けてみるならば、彼らの風景画の中には近代のありとあらゆる徴が、とりわけ工業技術の諸契機が散りばめられているということが否応無く分かってくる。この点が、彼らをドイツにおける印象主義の後継者たちとはっきりと区別できる点なのだ。ドイツの画家たちが、自然を毀損することなく、たとえば森の中の日光の反射の戯れに身を委ねているとすれば、この毀損こそが偉大なフランス画家たちの本領である。彼らは鉄道橋のある河を好んで題材に選んだ。なるほどそれらは、恐らくは古代ローマの水道橋を想起させるからだろうが、確かに、(工業的な)周囲との対照をなすほどでもないにしても、少なくともそれ自身があたかも――その河辺の石や橋桁の切石が由来している――自然のであるかのように、古いものとして現れてくる傾向がある。だがこれらの絵画の意図は、正反対のものを絵画自身の力で融合しようとするところにある。つまり、人工物がもたらす刺激が人間の身体や視神経の許容能力を超えたときに、そのショックを吸収する、ということなのだ。対象世界をその知覚的な相関概念へと解消させる手法、つまり対象世界を主観へと連れ戻す手法は、印象主義画家たちのよく知られた手法だが、これは客体の選択においていよいよ明らかだと言ってよい。経験とはかけ離れたものでも、それでもどうにか経験せねばならず、疎外されているものであっても、それでもどうにか身近にしなければならない。これこそが近代絵画の概念が生み出されるそもそもの原動力である。図像として実現させることによって、疎外されたものを、なお生命あるものと等しくしようとし、生に向けて救出しようとする。彼らの革新はすぐれて保守的な意図を持つものだった。(GS 10, 321)

アドルノは、ルノワールを見た後では、現実世界そのものが変わったように見えた(GS 7, 106)、というプルーストの洞察を引き合いに出す。この洞察が的を射たものであるのなら、ルノワールのような風景画の並ぶ美術館は、そこで物象化した現実世界の風景を、いかにして感受するかを人々が学ぶ、練習の場となり得るはずである。だがアドルノによれば、この洞察は、不安に支えられた、虚しい願望である。つまり実際に、優れた芸術作品が人間の感受に変化を起こし、現実への対抗策になりえるとは、彼は見做さないのである。だが常に、現実の風景がどれほど壊滅的で荒廃した方向に向かおうとも、自然と近代化との宥和を求める志向は根絶されえないだろう。従って美的風景は常に何某かの形で生き残るのかもしれない。しかしそれは、近代化は必然的に宥和としての自然美を求める、従ってそれはある種の肯定性をもって約束され得ることだ、と考えるリッターとは明らかに異なる希望の形態である。アドルノは風景というテーマを、その最大限の否定性をもつ論究の中で、根絶という可能性にまで引き寄せる。そしてその否定性を通して、生存の可能性に道を開こうとするのだ。

注

1　例えばアドルノの『全著作集』と刊行途中の『遺稿集』（二〇一八年一〇月現在）の人名索引並びに、全本文中にヨアヒム・リッターの名前は一度も登場しない。

2　Vgl. Theodor W. Adorno, *Nachgelassene Schriften*, Abteilung IV, Bd. 3, Frankfurt am Main, 2009, S. 505-508.

3　Joachim Ritter, *Landschaft. Zur Funktion des Ästhetischen in der modernen Gesellschaft*, in: ders, *Subjektivität*, Frankfurt am Main 1974. 以下、引用ページはLと記した後、アラビア数字で示す。対応頁は示さないが、引用は藤野訳（ヨアヒム・リッター「風景――近代社会における美的なものの機能をめぐって」藤野寛訳、安彦一恵、佐藤康邦編著『風景の哲学』、ナカニシヤ出版、二〇〇二年、一八九―二一八頁）に従いつつ、一部語句を変更して行なっている。なお同論文は一九六二年一一月一六日に行われた講演原稿である。

4　リッターのこの理解については、Joachim Ritter, *Die Lehre vom Ursprung und Sinn der Theorie bei Aristoteles* (1953), in: ders., *Metaphysik und Politik. Studien zu Aristoteles und Hegel*, Frankfurt a. M. 1969, 9-33. を参照せよ。

5　J・W・ゲーテ「若きヴェルターの悩み」前田敬作訳、『ゲーテ全集7』人文書院、一九六〇年、七頁。

6　佐藤康邦「風景哲学の可能性について」『風景の哲学』八―九頁。

7　この引用文は「表情」と訳された「Ausdruck」を、本稿の訳語の統一上の必要性から「表現」と変更した以外は、全て『ミニマ・モラリア』三光長治訳、法政大学出版局、一九七九年、五七頁に従う。

8　以下で紹介する画像には美術史的カテゴリーとしては「風俗画」にあたるものが含まれている。ただし本稿では、アドルノが該当する絵画作品を恐らくは念頭に記述した『美学理論』の一節の解釈のため、便宜上あるいは哲学的な含意上、これらを「風景画」として包摂する。

第9章　アドルノと崇高——カントと対照しつつ

西村　誠

1　崇高の両価性

アドルノにおいて、崇高という言葉は、肯定的意味合いでも否定的意味合いでも用いられる。美学以外の領域では、例えば、同じカントの道徳説に関連して、『否定的弁証法』において次のように言われている。

一方で、「[カントの教える] 道徳法則のもつ崇高な冷酷無情さ」についてアドルノは、「非同一的なものに対する憤怒が合理化されたもの」という特徴をそれが持っているとし、このことが「カントにせっかく具わっている人間味を歪めている」と否定的に評価する。つまり、空腹の肉食獣が獲物に跳びかかる勇気を奮い起こすために進化上の生理的機制として身につけた「獲物への憤怒」を、「理性的動物」の段階にある人間が、実際には自己保存の法則に縛られながら、しかし単なる動物以上の存在であるという自惚れを維持するために、「餌食となるべき生物は悪しきものだ」という一種の道徳的判断を拵えあげることでもって動物的自己保存への関心を糊塗《こと》するようになる。そしてさらに、こうした心理的機制が理性の自己保存へと転用され、理性の形式的法則による自己規律に自分のアイデンティティを見出そうとする人間精神が、その規律におのずとは服さない点で「非同一的なもの」である感性的なものに対して、道徳的判断への口出しを許さない抑圧的な姿勢で臨む。これが「道徳法則のもつ崇高な冷酷無情さ」だとされる。[1]

他方で、アドルノは、「個々の衝動に対する意志の自立」をその歴史的時点において「進歩的であった」し「自由に加勢した」として積極的に評価する文脈で、「道徳を理性の冷徹な統一に委ねたことは、意志を対象化した点で虚偽意識であるにもかかわらず、カントの市民的な崇高さである」とする（GS 6, 236f.）。つまり、――確かに、アドルノにとっては、「人間味のある心の蠢《うごめ》き」はすべて、人格的統一から見て「非同一的なもの」として姿を現すものであり、そうした「より良いものへの衝動」は「カントのいうように理性であるだけではなく、また、そして、そうであるに先立って、愚かさでもある」（ibid., 273f.）のに対して、カントの意志論は、意志をそうした蠢きや衝動として力動的に捉えるのではなく、具体的行為の法則的な統一として「まるで物のように」対象化する点で、事柄を捉えそこねている。しかし、カントの道徳論は、神やその代理人としての聖職者を頂点とし、その聖性や超越性によって支えられた価値の「位階秩序」に基づき、行為のその都度特殊な実質に応じてその道徳性を定めるという、封建的な「身分制秩序の反映」としての道徳論（ibid., 237）に代わって、行為者が自分の行為方針を決定する際に、それが行為者全体の行為方針へと普遍化されることを欲しうるかどうかという形式的で冷静な熟慮をもってするという点に意志の善さがあるとする。こうした点に、超越的な権威に凭《もた》れかからず、しかも、そのように世俗的でありながらも共同体の慣行に流されずに個としての自尊を守りうるという「カントの市民的な崇高さ」が表れている――ということである。

もちろん、同じカントの道徳論に関してとはいえ、ここで崇高と形容されているのは、一方は理性的自己の同一性を保証するための、感性に対して峻厳な道徳法則の在りようであり、他方は、そうした道徳法則の冷ややかな形式性に実質的な封建道徳からの解放を見て、それを良しとするカントの考え方であって、正反対の評価が下されているのは、全く同一というわけではないものについてである。が、しかし、両者は、その後者がある方向性を持った考え方であり、その前者がその方向の先にあるものの実体化である点で、異なりつつも密接に関係している。そして、後に見るように、この微妙な関係のうちに、崇高という形容がアドルノから見て両価的であることの根拠がある。

崇高は、何か真なるものを指し示しうるが、偽なるものに導きもする。崇高は魅力的であり、かつ、危険である。そして、魅力的であるがゆえにいっそう危険であり、危険であるがゆえにいっそう魅力的にもなる。私たちの実感にも符合するだろうこうした崇高の両価性の由来とそれとの向き合い方を探るために、アドルノの崇高論を特に美的な領域[2]と道徳的な領域とについて、しかも、アドルノ自身が批判的に参照しつづけたカントのそれと対照しつつ、以下に辿っていく。

2　自然の崇高

精神は、カントが好んだように、自然を前にして自分自身の優越性に気付くよりも、むしろ自分自身の自然性（Naturhaftigkeit）に気付く。こうした瞬間に主観は崇高なものを前にして〈泣くこと〉へと導かれる。自然の想起は主観の自己措定の強情さを溶かす。「涙が溢れてくる。大地は私を取り戻した！」ここで自我は、精神的に、自分への囚われから抜け出す。哲学は、罪深い過ちによって、自由をその反対物である主観の独裁（Souveränität）に取っておくのだが、そうした自由のいくばくかが閃く。主観が自然の周りに廻らせる呪縛は主観をも取り囲んでいるのであり、自由が蠢くのは主観が自然と類似していること（Naturähnlichkeit）が意識されるときである。（GS 7, 410.『美的理論』）

アドルノは、近代美学における崇高の観念の歴史を「直接性と慣習との対立が先鋭化して、美的な経験の地平がカントにおいて崇高と呼ばれるものに開かれたとき」（ibid., 109）、すなわち、啓蒙主義と市民革命の時代から書き始める。直情の解放にとって桎梏と感じられる慣習的・制度的な「絶対主義的形式界」への批判として、啓蒙主義は、「原初的で荒々しいもの（das Elementarische）」としての自然を解き放つことを主張した（ibid., 292）。[3] アドルノによれば、カントは、彼が巨大な絶壁、雷雲、火山爆発、暴風、大時化の海などの自然崇高を描写する（KU, 104）[4] 仕方において「若きゲーテと市民革命の芸術とに接近」（GS 7, 496）しており、またカントが崇高を含む「単なる形式的な遊動を超える美のすべて」を「自然に帰し」て、芸術から除外したのは、「人為的に作り出されたものを可謬的だと見なす」ような「市民革命の精神」の表れ（ibid., 101）であって、そのかぎりにおいてカントの崇高論は、啓蒙と市民革命の世紀の刻印を帯びているとする。

しかし、カントは、その崇高論において、自然解放論者にはならない。カントの「力学的崇高」論によれば、人間は、自然の圧倒的に強大な物理的「威力」を前にして、自分のあまりにも微々たる肉体的な「抵抗能力」に気づかされて、その点では無力感に苛まれながらも、それと同時に、「我われが安全な状態にありさえすれば」、自然の威力を意に介さない道徳法則による自己規定という「まったく種類を異にする抵抗能力」（KU, 104）――「人間外部の自然から挑戦を受けて危険に陥ることのありうるような自己保存とはまったく種類を異にする自己保存」（ibid., 105）を可能にする道徳的な力――を自分のうちに発見する。カントの崇高論において「精神は（…）自然を前にして自分の優越性に気づく」のであり、このことをアドルノは

「カントの教説の誤り」(GS 7, 396) だとする。

アドルノは、上掲の引用文にあるように、自然の原初的で荒々しい力を前にした崇高経験によって「主観の自己措定の強情さ」――自我の強張り――が一瞬溶解するとして、その比喩的な描写としてゲーテの『ファウスト』の一節における「大地」と「私」との再結合(『ファウスト』七八四行)を引証し、自我の「脆さに対する悲哀」(GS 7, 401) と裏腹な、自然との和解の予感をそこに見いだす。こうした事態を可能にしているのが、精神の「自然性」であり、〈自然類似性〉であるという。たとえば、「理性」は、「脆い」自然存在である人間が、圧倒的な外的自然の力に対する「自己保存のために」、「心的力」の一部を「枝分かれ」させたものであり、そのことによって、自然に抗って自分を保持しようとする〈強固な自我〉が形成されているのであって、したがって、人間の精神的な存在は、「自然に対比され」てはじめて超自然的なのであり、その由来においては「自然的」である (GS 6, 285)、ということである。

そして、アドルノは、「震撼」という崇高経験について、「ほんの瞬間に、自我は、自分の自己保存を捨てる可能性――たとえそうした可能性を実現することが自我の力には余るとしても――に気づく」とする。つまり、美的な「震撼」の経験においては、宗教的恍惚や集団的陶酔におけるような「自我の消失」は実際に起こらず、むしろそれがそのように「仮象」であることがかえって有意味であり、かつ、「芸術的経験」にふさわしく、だから気づかれるのは自我消失の「可能性」であるにすぎないが、しかし、「震撼」の美的な経験は「心理として実在的」であって「仮象」ではなく、むしろ、自我が「仮象的 (scheinhaft) であるとする意識」をもたらすとする (GS 7, 364f.)。これは、〈強固な自我〉という仮象 (これは、〈自我そのもの〉が仮象だと断定しているのではない) と自我の消失という仮象という二つの異なった仮象の対比の中で、自我の震撼とそれによる〈自由〉の閃きという実在的な心理的経験としての崇高経験が生じる、ということであろう。

しかし、以上はアドルノの自然崇高論の一面であるにすぎない。原初的で荒々しい自然を前にした精神が「自分自身の自然性」やその「脆さ」に気づかされることに、自然崇高が成り立つとするだけでは、カントが「崇高を圧倒的に大きなもの、力と無力の対立のうちに位置づけた点で、自分が支配と明々白々に結託することを肯定した」という彼自身のカント批判（ibid., 296）がみずからにも及ぶであろうし、また、〈自然との和解の予感〉という趣旨にもそぐわない。

そこで、アドルノは、「崇高なものの力と大きさには支配をこととするものの特徴がいくつも刻み込まれている」ことを認めつつ、「こうした特徴において、崇高なものは支配に抗弁する」という別の観点を持ち出す（ibid., 293）。例えば、「高い山脈」は、その大きさによって「圧倒」し、「支配をこととするものの特徴」を帯びているとしても、そのことによって直接に崇高の感情を呼び起こすのではない、とアドルノは言う。「崇高の感情は現象する事物に直接に向けられてはいない」のであって、その圧倒的な大きさが、「束縛するものや圧迫するものから解放された空間のイメージ」として観賞者によって感受され、また、そうした解放空間に観賞者が「与りうること」を告げているように彼によって感受されることから、崇高の感情が生まれる、とされる（ibid., 296）。つまり、認識の対象として見られる場合、その「高い山脈」は、標高何千メートルのいくつかの山の集合というふうに、量的に規定されたり一般概念に包摂されたりして、範疇によっていわば外的に「束縛」「圧迫」されるのに対して、観賞の対象として見られる場合は、端的にそれ自体において「高い」と捉えられ、その結果、（客観的に解放されているわけではないが、それでも）解放的な空間の「イメージ」を提供するものとなるのであって、このようにして、認識の場合との差異という間接的な道を通って、圧倒的なものが反支配と解放の表象の担い手となり、崇高だと感じられる、というわけである。

そして、このような、解放的空間のイメージを与える「原初的で荒々しい」自然は、「精神を自分のうちに授かることができる」とアドルノは言う（ibid., 293）。崇高と感じられる自然は、既成の諸範疇による規定から解き放たれたあり方を、観賞する主観によって承認されることによって、そうした規定とは異質な、別種の限定を受けうるという意味で、「精神」を受け入れうるものとなる——つまり、現状に対する暴力的な他者ではなく、今とは別様の和らぎの可能性となる——ということである。

このように、アドルノにおいて自然崇高とは、精神の側での自然性の自覚と自由の閃きであると同時に、自然の側での精神受容可能性の発見でもあり、この両者の緊張をはらんだ結合である。

だが、「圧倒的な壮大さを持つような自然現象」を崇高であり、広い意味で美しいと意識するような態度は「歴史的に束の間のものであった」、とアドルノは述べる（ibid., 109）。その理由としてアドルノは、自然崇高を美的な讃嘆の対象とすることに対する批判的意識が間もなく生じたことを指摘している。すなわち、アドルノは、ヴィルヘルム・フォン・フンボルトの「自然に対する批判」——「壮大な岩場の風景に対してフンボルトは、それには木が欠けているといって非難する」——を取り上げて、それは「一見するとそうではないかと疑われるような、理性主義的で調和主義的な時代的趣味」や「精神の傲慢さ」にすぎないものなのではなく、「そうした批判を支持するものが対象の側に若干ある」とし、「トスカナの風景のほうがゲルゼンキルヒェン［ドイツ・ルール地方の工業都市］の周辺地域よりも美しいという判断もまた真である」と述べて、「原初的に荒々しいもの」がつねに（崇高を含めた広い意味で）美しいわけではなく、「木が欠けている」という非難に値する場合もあるという美意識へと移行したことを、正当な歩みとして認めている（ibid., 112）。

こうして、カント以後、崇高は自然から撤退し、芸術にその後継者を見出すようになる、とアドルノは言う。すなわち、「カントが自然のために留保した崇高は、カント以後、芸術それ自身の本質を歴史的に構成するものとなった。崇高が、のちに工芸と呼ばれたものと芸術との境界線を引く」（ibid., 293）。

アドルノは明示的に語っていないが、「カント以後」に自然から崇高がこのように撤退したことの根底には、たんに、フンボルトが感じたような自然景観における欠如の自覚があるだけではないだろう。カントが、ロベスピエールの処刑（一七九四年）とナポレオンの執権（一七九九年）との間の時期に公表したいくつかの著作、例えば『諸学部の争い』や『永遠平和のために』において、一方で、「純然たる法概念が革命家たちのうちに生み出した熱意と魂の偉大さ」と、彼らのそうした高揚感に「外側で傍観している公衆」が「共感した」こととに、「真の熱狂」を認め（A 7, 86f.）ながらも、それと同時に、「自然がおのずからもたらすもの」としての「革命」（A 8, 373）について、「悲惨と残虐行為に極めて満ちている」ために、「思慮深い人物なら」、たとえ次回は成功の見込みがあるとしても、「そんな犠牲を払って実験しようと意を決することはけっしてないだろう」（A 7, 85）と記しているように、革命の暴力として現れた「原初的で荒々しい」人間の自然（内的自然）が、その実状において、まともには「精神を受け入れ」えなかったという時代経験が、自然崇高論の衰退を推し進めたという面があると思われる。

（内的）自然は、「おのずから」にはまともに「精神を受け入れ」ることはできそうにないことが、実経験として感得されたのであって、今や、「自然的な（naturhaft）生命が自分自身を超越する」という「可能性」（GS 2, 149.『キルケゴール』）への希望は潰えようとしていた。こうした希望を支えるという、自然みずからによっては果たせそうにないこの時代的な課題を、今度は芸術が、その根本的な困難さを含めて、表象界の中での制作作業において引き受け、そうした希望の「避難所」（GS 7, 357）になる。

3　芸術の崇高

アドルノにとって、崇高が芸術の本質構成的な要素となるということは、芸術の「精神化」という事態に対応する。「カントの崇高論は、芸術が初めて成し遂げるような精神化を、自然美に即して先取りしている」(ibid., 143)。

芸術における精神化は、まず、芸術が、表面的に滑らかなもの、感覚的に快いものに作為性や享受者の感覚的満足への従属性を嗅ぎつけ、「精神に親和的な」もの、原初的で荒々しく、「感性的に不快で反感を催させるので芸術にとって以前はタブーであったもの」(ibid., 292) を自分の中に取り入れて、内的に意味を持つもの、「内実」のあるものとして独り立ちしようとし (ibid., 293)、感覚的な側面に対する「精神の優位」(ibid., 144) を追求する、というかたちで現れる。

こうした精神化は、「カント老年期の同時代人である若い詩人たち」(ibid., 496) において「一八世紀末ごろに」芸術への崇高の「突入」というかたちで、すでに起こっていた (ibid., 292)。雄大な自然や英雄的な歴史的事件などの題材は、芸術に「気散じ」(ibid., 139) などの意図への「奉仕」(ibid., 293) を求める旧来の宮廷的な趣味に反するものであり、崇高へと拡大した市民的な美意識に相応していた。

また、「カントの時代の芸術を特徴づけるのは、芸術が (…) 崇高の理想に耽ったことであり、ベートーヴェンが特にそうであった」(ibid., 496) とされるように、芸術作品が、単に題材面において崇高となるだけではなく、その構造において、つまりはそれ自身において、崇高な姿をとりもした。すなわち、いくつかの素材を未調停の葛藤状態で提示し、さらには、そうした素材とそれを作品化しようとする主観との葛藤というもう一つの葛藤を引き受け、そうした力動的な営みを或る「成果」にもたらし、それによって「〈崇高は現前する無限者だ〉とする伝統的な崇高概念に生気を与えていた〈否定の肯定性［否定的なものの否定は、二重の否定として、「成果」において肯定だとする考え方］〉」を表現するという仕方で、芸術作品自身が崇高となるということであり、「崇高の上昇」である（ibid., 294）。

しかし、題材面と構造面とにおけるこれら二つの精神化は、アドルノにとって、「ラディカルな精神化」ではなく、むしろその反対物であった（ibid., 139）。アドルノのこうした診断の元になっているのは、自然崇高の経験における、あの「精神自身の自然性」への気づきである。「精神的存在であって自然を強制する者としての人間の偉大さは崇高だとされていた。しかし、崇高経験というものが自分の自然性についての人間の自己意識であることが露見すると、崇高というカテゴリーの組成が変化する」。それは、カントの崇高論の場合のように、たんに「経験上の個別存在」としての人間の脆弱さが気づかれるということではなく、「精神自身が、自然的な存在であるという自分の節度に気づかされる」ことである（ibid., 295）。これに対して、芸術における題材上や構造上の崇高は、そうした「節度」を弁えない「誇大妄想」や「英雄崇拝」の反映（ibid., 110）であり、「崇高の概念それ自身」の「滑稽」化——つまりは、「崇高の、その反対物への転化」（ibid., 295）——である。また、それは、その「否定の肯定性」において、まわりまわって結局は「直接的なものを有意味だとして弁護する」現状肯定的性格のものとなり、「文化批判」（ibid., 143）という芸術にとって本質的な在りように背くことにもなる。[6]

こうしたことに居心地の悪さを感じる芸術は、精神化以前に回帰するという退行の道を——それを「誇大妄想」批判の身ぶりとしてあえて採用するというのでないかぎりは——選ばずに、精神化をさらに推し進める。つまり、精神化に伴う上記二つの葛藤と自分のうちで格闘しぬきつつ、それらを無理に外見的な「成果」にはもたらさないで、「矛盾を解消されないままの姿で」(ibid., 294) 表現へともたらす、という営みへと進む。なぜなら、こうした「ラディカルな精神化」による芸術作品においては、「精神と素材は、一つになろうと努力しつつも互いに隔たっている。そうした作品の精神は、五感に訴えるように描出することが不可能なものとして経験され、また、その素材は、作品が作品の境界の外で束縛されているものであって、その作品としての統一とは宥和しえないものとして経験される」(ibid., 292) からである。芸術における精神化の目標は、精神が第二の自然としての習慣的世界から「分離」し、自然としての「素材」のほうも「原初的で荒々しいもの」として文化による占領から解放され、そのうえで両者が新たに「一つになろうと努力」し、「自然からの分離を撤回すること」である (ibid., 141)。しかし、統一を生み出して作品という現象の中に自分を実現しようとする「精神」のほうは、いまや、その志が過大で、作品をはみ出してしまい、また、「素材」のほうも、作品の統一から零《こぼ》れて、「作品の境界」の外に異物として残ってしまう。

もちろん、素材が、出来合いの諸形式から解放される場合でも、芸術家にとって、どの素材を選んでそれをどのように用いるかは、恣意的になしうることではなく、「素材の発揮する、特定の素材へ向かっての強制」が「技法とその進歩を仕切る」(ibid., 222) と言われている。また「感覚的な契機自身」が「差異化［ニュアンスの違い］」という「それ自身精神的なもの」を持つとされ (ibid., 143)、素材のそうした促しに付き従えば芸術家は自動的に作品としての形式的な統一を見出せそうである。しかし、そうした「強制」や「差異化」は、明確ではありえても判明であることはなく、特定の形式化はやはり芸術家によってその都度実験的に発見されねばならず、過不足ない形式化は保証されない。[7]

こうして、崇高は、いったん「上昇」したのちに、見た目に崇高とは映らないものとなり、（しかし、芸術における精神化が進行しつづけているかぎり、消失するのではなく）「潜伏するようになる」(ibid., 294)。

「精神と素材が一つに」なれない作品の姿は、みすぼらしいだろうからである。

しかし、「ラディカルな精神化」に付き従うことによって崇高を潜伏させた芸術とその営みの姿が、それでもなお、誇大妄想に似た、しかしそれとはやはり別の仕方で、崇高であり、したがって、その場合とは別の仕方で滑稽でもあるという可能性がある。

アドルノは、「明朗快活な芸術」が「蓄積された声なき苦痛に対する不正」であるとして、「暗いものの要請」を携える芸術が、それでも「なおほんのわずかに」見出す「幸せ」を「持ちこたえる力」と呼ぶ(ibid., 66)。これは、カントが自然崇高について指摘した上述の「まったく種類を異にする抵抗能力」に対応するが、しかし、「カントの場合には自由で自律的な精神が勝利するのに対して、あの幸せ［全く無力なものが、持ちこたえることのうちに自分の力と希望を改めて見出すという幸せ］は、［新音楽においては］何か恐ろしいことをとにかくまだ語りうるという一点にまで縮小しており、精神のこうした持ちこたえによって何か絶対的なものが保証されているという幻想を伴わない。このように、この幸せは客観的であるが、一切の主観的な〈崇高の感情〉を欠いている」(GS 16, 227.「新音楽の規準」)という。たしかに、アドルノのいう「持ちこたえ」は、カントのいう「抵抗」に比して華々しくもなければ勇ましくもなく、崇高は潜伏して、「主観的な〈崇高の感情〉を欠いている」。しかし、降伏はせず、戦線離脱もしない点で、それは、外目には、やはりなお崇高の気を帯びているように感じられる。特に、アドルノの次のような記述は、その感を強くさせる。つまり、「怖ろしい事態に目を向け、それを持ちこたえ、手加減を加えずに否定性を自覚するなかで、より良いものの可能性を手放さないような視線のうち以外には、もはや美も慰藉もない」(GS 4, 26.『ミニマ・モラリア』)という記述である。

もちろん、こうした「持ちこたえる」力は、実在的だとしても、そのこと以上の何か積極的なもの——

〈戦果〉のようなもの——を自力で獲得できるわけでもなく、また、その力の主体があの強固な自我のようには「強張って」いないという点にこそその本領があるゆえに、恒常的でも安定的でもなく、したがって、何らかのしかたで掻き立てられることなしにはほとんど消失してしまうこともありうる。そのような意味で——つまり、「持ちこたえる」力が自分の消極性と脆弱さをさらに「持ちこたえている」という地味な意味で——そうした「持ちこたえ」はなお崇高を感じさせ、そのかぎりではまた滑稽さを帯びることになるだろう。「ラディカル」に精神的な芸術は、誇大妄想の滑稽さを避けようとして、崇高を潜伏させるが、あの二重の葛藤を成果の保証なしに担うという「持ちこたえ」において、別様の崇高と滑稽とをやはり身に纏うだろう。

強固な自我という妄想から、その震撼をとおした自我の脆さの自覚へ、そしてさらに、その自覚の中で課題を「持ちこたえ」る自我へ。これが、自然と芸術における「伝統的崇高概念」から「組成が変化」した崇高概念へと至る歴史の伏流水である。

4　崇高と仮象

「崇高は芸術の仮象性格と折り合わない、という考え」が、「崇高を自然にだけ限定した」カントの崇高論の前提としてある、とアドルノは言う（GS 7, 295）。このカントの考えを彼と同時代以降の「崇高の理想に耽《ふけ》った」芸術に適用すると、そうした芸術に現れる崇高は、崇高らしくない崇高、いわば〈仮象的な崇高〉であって、それとは別に〈仮象でない崇高〉があり、したがって、芸術に現れる崇高は、〈仮象でない崇高〉の仮象、つまり「仮象としての崇高（Erhabenes als Schein）」（ibid., 296）だということになる。

実際、批判期カントの場合、道徳法則が「純粋理性の独特な事実」（KpV, 56）として確立されており、「そうした［道徳法則に対する］尊敬に、実践的な影響力を人がいったん認めてしまっている」ときには、「道徳法則に対する尊敬の中には決して不快はない」（ibid., 138）のであって、従って、尊敬は、不快をその構成要件とする崇高とは異なるが、しかし、道徳法則の「威力」が、「なにものかの剥奪」[8]を介して「美的に知られ」、そのことによって「美的に判定される」場合には、道徳法則は「崇高として表象され」（KU, 120）、そのような仕方で〈仮象でない崇高〉が道徳的に実在するとされている。

これに対して、例えば芸術作品に描かれる崇高な行為やそうした行為に至る崇高な決断は、たしかに、「道徳的な判断によって引き起こされた心の状態と何か類比的なものを含むような感覚を掻き立て」はする（ibid., 260）が、しかし、そうした「感覚」は道徳的なものと「類比的」であるにとどまり、また、それが道徳の類比物であることを知りうるのは「道徳的感情が既に陶冶されている人々」（ibid., 168）だけであるから、そうした作品に誰かが芸術崇高を感じるからといって、それだけではその人が〈仮象でない崇高〉とそこで出会っているとは言えない。つまり、そうした「感覚」は一般的に「無分別」（ibid., 121）であり、不道徳に導く可能性があるだけでなく、そもそも、カントにとって道徳的善の要である「道徳法則に対する尊敬」に基づいているという保証を持ちえず、外形的にはたまたま道徳に適った行為に導くことはあり得ても、十全な意味で道徳的であるとは決して言えない。いや、場合によっては、そうした「感覚」は、その人物に自分が〈仮象でない崇高〉に実際に与っていると思わせかねず、道徳法則が「打ちのめす」はずのあの反道徳的な「自負」をその人物の内に育てかねない。

つまり、道徳法則は尊敬の感情を引き起こし、これが「美的に判定されると（…）崇高として表象される」のだが、あるものが崇高だと感じられるからといって、それが道徳的尊敬に値するとはかぎらず、むしろ道徳性の反対ですらありうる、[9]ということである。カントにとって、このような意味において道徳の類比物であるにすぎない芸術崇高は、「仮象としての崇高」であり、「[仮象でない]崇高と折り合わない」。

しかし、アドルノにとって、カントのいう道徳的善は、既述のように、ある面では自惚れに染まっている。もちろん、ある事例においてある事柄の非在が確かめられたからといって、その事柄が一般に実在しないという結論は出せない以上、〈仮象でない崇高〉は、やはりどこかに実在するのかもしれない。純理論的にはそうした可能性が残る。しかし、アドルノは、〈仮象でない崇高〉を実体的に想定して、そうした崇高に人間精神が与りうるとする立場[10]に反対する。その理由は、まず、歴史上さまざまに提起された〈仮象でない崇高〉が、彼の目から見て、誇大妄想による主観的な錯覚と客観的な危険や害悪とに繰り返し結びついてきた、という経験的な事実があるからである。また、もう一つの理由は、人間精神が自然と新たなかたちで「一つになる」可能性は、自分が〈仮象でない崇高〉に与っているとして、感性的なものに対して「冷酷無情」になって自然の上に君臨することにはもちろんなく、自分の「自然性」、「自然類似性」、「自分が自然的な存在であるという自分の節度」[11]に気づいてこの倹しさを受け入れることにあるはずだという、そうした「希望」と「信頼」を彼が引き受けるからである。

では、〈仮象でない崇高〉を実体的に想定せず、したがって、「仮象としての崇高」という語も、それが「〈仮象でない〉崇高の仮象」という意味を呼び起こすかぎりでは、不適切な面があるとすれば、芸術における崇高は――さらには、道徳法則に感じる崇高もまた――何であるといえばいいのか。

アドルノは、すでに触れたように、崇高経験における「美的震撼」について、そうした感情は「仮象」ではなく、「実在的」であると述べる。崇高経験という「美的な体験」において「自我が自分の自己保存を捨てる」という「潜在的な可能性を、それがあたかも実現したかのように感じる」のは「仮象」だが、そうした可能性を「体験」として感じているということは意識の事実であるという点で、いや、むしろそれ以上に、その「美的な体験」の内容である「自我に反対する主観的経験」が、「[自然に対する]抑圧の人間内部での代行者である自我原理」に対する批判的な意識経験であるゆえに、本質的にそうした批判の座である「芸術」の「客観的真理の一契機」であるという点においてこそ、その「美的な体験」は「仮象」ではない（GS 7, 364f.）。つまり、そのような体験において、そうした「潜在的可能性」が虚妄や虚偽にではなく何か真なるものに触れているのだ、何かがたんなる「仮象（Schein）」としてではなく「現象（Erscheinung）」[12]として感得されているのだ、という意識を支えているのは、そうした「感情」の手前にあってその前提となっている状態――つまり、「自我原理」が自然「抑圧」の代行者であること――が虚偽であるという自覚である。[13]そして、自我の揺さぶりが、そのように虚偽だと自覚されるものと相関的に、そうしたものを超えたもの、「より以上のもの（das Mehr）」（ibid., 122）として感じられるがゆえに、崇高の経験が生じる、ということである。

他方、そのときに感じられる「より以上のもの」の指し示す内容――つまり、「自我の消失」――のほうは、むしろ望ましくないものであるかもしれない。「自我の消失」は、自我が「自分の制限や有限性に気づく」という「震撼」経験の反対物である「文化産業の進める自我の弱体化」（ibid., 364）にも、また、危うい宗教的忘我や集団的陶酔にも繋がりうるからである。さらにまた、そうした〈より以上のもの〉は、現状とは全く異なった、まったく新たな事態なのか、それとも、「正しい状態においては、すべてが現状よりほんの僅かだけ異なっているのかもしれない」（GS 6, 294）のか、それも不明である。むしろ、そうしたことが不明であることこそが、或るものが現に在るもの「より以上」の何か〈新しい〉ものであることの特性であろう。いや、そもそも、「より以上のもの」が、その前提との相対的な関係を離れて――つまり、それ自体として——存在するという保証はないのであった。次のアドルノの記述は、広義の芸術美についてのものであるが、芸術崇高についてこそ当てはまるだろう。すなわち、「人間によって作られた〈より以上のもの〉は、それ自体では、芸術の形而上学的内実を保証しない。芸術の形而上学的内実は全く空無かもしれないのであるが、にもかかわらず、芸術作品はその場合でもおそらく、あの〈より以上のもの〉を、現象するものとして定立できるだろう。芸術作品が芸術作品となるのは、この〈より以上のもの〉を制作することによってである。芸術作品は自分自身の超越を作り出すのであって、超越の舞台なのではなく、そのことによってまた芸術作品は超越から切り離されてもいる。」(GS 7, 122)

芸術崇高においては、現状との批判的・否定的な関係において「より以上のもの」が「現象」するが、その「より以上のもの」は、そこでは、その内容が積極的に明示されることも、その自体的な存在が証明されることも、その真理性が保証されることもない。芸術崇高は、すでに自体的で真なる存在としての身分の確立した「何か他なるもの」が出現する「舞台」ではなく、その意味において「超越から切り離されて」いる。芸術崇高は、したがって、このような〈超越から切り離された自己超越〉という意味での〈相対的な超越〉が「現象」しているという点では「仮象」ではないが、自体的存在という〈積極的な超越〉が確かに実現しているかのように誤導するかぎりでは「仮象」である、と言える。崇高な芸術が体現する超越は、仮象的な実在である。芸術におけるこのような浮動的で捉えどころのない超越の姿をアドルノは、「芸術作品において、非在のものが［現に存在しているのか仮象に留まるのか不確かのまま］突発的に出現する」というふうにも定式化している (ibid., 129)。

道徳法則に感じる崇高についても、芸術崇高と同様のことが言えるだろう。道徳法則は、アドルノの観点に立てば、それ自身が積極的な超越であることが確実であるゆえに崇高なのではなく、行為の理性的統一を規準とするという、権威的な習慣道徳からのその批判的な差異において、崇高と感じられる、ということである。

だからこそ、あの両価性や歴史的動態性が崇高概念に生じる、ということになる。つまり、崇高は、仮象ならざる相対的超越のゆえに魅力的であるが、積極的超越に関しては裏付けがなく、何に導くか分からないという点で危険でもある。また、「原初的で荒々しい」自然が、〈認識の場合との差異という間接的な道〉を介した、物化された自然の在り方からの相対的超越である点で、自然崇高は実在的であるが、それがそのまで精神との一致という積極的超越を示さないだけでなく、また、そうした超越の「可能性」に疑念を抱かせる点で、衰退し、代わって芸術崇高が登場する。そして、芸術崇高は、たとえ相対的ではあれ超越を見限らないことによる滑稽さの脅威に伴われるがゆえに、自分をどんどん潜伏させてゆき、遂にはその消失に至りかねないほどになる、ということである。

5　行為と崇高

アドルノにとって芸術は、希望の「避難所」である。芸術は、また、「作り込まれたものという理想」と不可分であるゆえに、「悪の主観面での核心である粗野で荒削りなもの」への否定の身ぶりであって、そこに芸術なりの「道徳への関与」がある（ibid., 344）。しかし、そうした芸術には致命的な限界があるとされる。すなわち、「心のさまざまな蠢き」が作品のなかへ移し置かれるとき、それらは、作品外の「自然の代理人」である一方で、「自然の残像」としてはもはや「生きた」ものではなくなるのであって、実在的なもの仮象的な形象へのこうした「変容」は、例えば「痛み」については、「痛みを精神的全体のなかで消失させることによって、それを支配可能とし、それと同時に、現実には痛みを現状のまま放置するがゆえに、芸術の現状肯定的な有りようの負う咎を、共に負うことになる」(ibid., 172f.) といわれる。

では、仮象を介してではなく、「生きた」痛みに直接に関わる現実の行為世界において、崇高はどのような事情にあるのだろうか。

人間の具体的な個々の行為については、その崇高・平凡・低劣より前に、その正しさが問題になる。アドルノは、「道徳的な安全確実さは存在しない」とし、「道徳的な安全確実さを想定するとすれば、そのことがすでに非道徳的であろうし、人倫性と呼ばれうるものの負担から個人を誤って解放することになろう」と述べる (GS 6, 241)。例えば、人々が自分の行いを正しいと見なし、自分を善人であると信じるために依拠するものの典型は、一つは、その時々に道徳的な規範とされているものの厳格な遵守（こうした遵守による自他からの義認と、その裏返しとしての、規範を遵守しない人々への断罪を併せたものが、「パリサイ主義」(ibid.) と呼ばれる）であり、もう一つは、自他の窮状に触れての已むに已まれぬ直情的・衝動的な行為であろう。しかし、その両者とも、アドルノにとって、道徳的に正しい行為に導かない。一方で、「実践は、客観の窮乏に導かれる」(GS 10, 766.「理論と実践についての傍注」) とするアドルノにとって、後者はその要件を満たしそうであるのに対し、前者は、予め一般化・形式化された規範である点ですでに、その要件を満たさないからであり、他方で、「客観の窮乏は、社会の体系総体によって媒介されており、したがって、理論によってのみ批判的に規定されうる」(ibid.) という観点からは、後者だけでは不十分であり、「認識の最も進歩した状態」(ibid.) を必要とするからである。

ただし、アドルノは、こうした道徳に関する「行き詰まり」(GS 8, 31.「修正された精神分析」) に直面して、そもそも人間にこうした解決困難な道徳的課題が課せられることは「過剰要求」(GS 6, 241) だとして、人々を「人倫性と呼ばれうるものの負担から解放すること」こそが人間的だと主張するのではなく、そうした「解放」が「誤って」おり、むしろ、道徳が原理的に抱える「可謬性」（ibid.）を自覚してはじめて「道徳的」なものと向き合う場所に各人が立ちうる、というのがアドルノの本意である。もちろん、こうした道徳的なものを誰かが受け止めようとする場合でも、「超自我や神経症的な罪悪感」（GS 8, 31）に由来する「良心の強迫」（GS 6, 267）からは、その人は解放されるべきだとされるが、こうした「他律的な強迫」という契機と、「さまざまな方向に拡散する諸々の個人的な利害関心を凌駕する連帯という理念」という契機――良心におけるこうした二つの「対抗関係にある契機」――は、「腑分けできないほど絡み合っている」（ibid., 278）のであって、安全確実でない道徳には、後者のような良心的契機に由来する、また別種の「過剰要求」の要素がどこまでも付いてまわることになる。

正しい行為の確実さを不可能にする事態としてアドルノが挙げるのは、こうした規範と直情との二項対立のほかにも、現状の変更を直接に目指す体を張った実力行使（「直接的な行動」は、しかし、「殴りかかる」姿勢に似ている（GS 10, 776））と虚偽意識の変更を目指す批判的な言論活動（例えばアドルノ自身による理論的「介入」は、しかし、「改良主義のすぐ隣にある」（ibid., 781, 771））との対立、あるいは、根本的変革（「一切を全体の変革から期待するラディカリズム」は、しかし、「高尚な姿をした改善妨害」である（GS 8, 141.「文化と管理」））と漸進的改良（それは、しかし、「悪しき全体の存続に一役買う」「改良主義」につながる（GS 10, 770））との対立、などがある。いや、そもそもこれらの対立項すべて――そのいずれもが「共感共苦」（例えば、GS 6, 356）に基づいて何らかの現状変更を目指して現実に働きかける広い意味での実践である――に対して、そうした実践のすべてからいったん冷たく手を引いて、正しい実践のためには必要でありながらこれまで「不十分」であった「世界解釈」（ibid., 15）に――「状況に束縛された行為としての実践から分化して独立することによって変革のための実践的な生産力になる」「理論」（GS 10, 765）に——冷静に専心するという「一息つく思想」（ibid., 777）が対立することも、そうである。

アドルノによれば、「アウシュヴィッツとヒロシマ」によって「野蛮」への「逆行がすでに生じて」しまっている「今こそ、実行が切に待たれる実践」は、「野蛮から抜け出すための努力だけ」（ibid., 769）なのだが、しかし、「何がそのために役立つのか」は、これら調停不能の様々な対立によって「厚い帳に覆われている」（ibid., 770）。こうした条件の下で何らかの行動に出ることは——そして、何の行動も積極的にはしない場合も同様に（「何もしない者もそれに劣らず」（GS 6, 241））——、道徳的過ちを犯し、「悪に染まる」（ibid.）状態に自らを置くことを意味する。しかし、「悪に染まる」ことを甘受しつつ善と関わることを——進んで、あるいは、已むなく——引き受けることが、現状における道徳的なことだと、アドルノは言う。決断に当たって、私たちはまず、例えば、自他の窮状への直感的・衝動的な反応と、その直情的な行為が自己満足に終わらずに、自他の窮状の改善に実際に繋がりうるようにするための、最も高度な心理学的・社会科学的知見の動員による熟慮とを、鬩ぎあわせなければならない。そして、緊急の場合の熟慮の省略（例えば、治安警察に追われた者から匿ってくれるよう求められた場合に、「理性が間違った場所に登場すること」（NaS IV-10, 144f.）を押しとどめること）と必要な場合の行為の無限延期との中間の様々な可能性を前にして、その都度の実行の姿を自分で——場合によっては、「自発性」の対極にある「組織」（GS 10, 777）を通じて——生み出さねばならない。

観照的態度を鷹揚すぎるというので否定するのが粗野であるのと同様に、窮状に直接対応する勇敢な実力行使を英雄崇拝や野蛮への「感染」（GS 10, 769）という危険があるからといって道徳の世界から放逐するのは偏狭である。[14]

したがって、ここで道徳的に問題になっているのは、何かあらかじめ規範としての身分が定まったものに対して、行為者がその意志の弱さによって従うことができない、ということではなく、何が道徳的に善であるかが明確には分からないがために、人々が道徳的不安に耐えかねて、「承認が手軽に得られそうな実践」（既成の社会的規範や或る特定の集団の綱領・信条の遵守）や「極上の自己愛的な快感」（「挫折の不可避さが目に見えている理想的大義への連帯」から「得られるかもしれない」という）に跳びついたり（ibid., 778）、あるいは、道徳は「過剰要求」であり、「疑似問題」（GS 6, 211）であるとして、これを意識の領域から全面的に退けたりしがちだ、ということである。

このように、アドルノが現状における道徳的なものとして提示するものは、芸術崇高におけるあの「ラディカルな精神化」と構造的に並行している。

後者においては、精神と素材が共に習慣的・文化的世界から解放され、それらが新たなかたちで「一つになろうと努力」しながらも、見た目に明らかな「成果」に至らず、特定の形式化は、その都度実験的に、しかも十全ではないかたちで、発見されねばならない。そして、そうした不安定な葛藤に、自らの「脆さ」を自覚しながらも主観が「持ちこたえる」のであり、そこにおいて「崇高」は、「潜伏」しつつも存続するとされていた。

今、前者においても、既成の規範や理性主義的道徳律による指示や保護から自立した衝動と熟慮とが、（必要な場合には、制度のしかるべき変革にまで至る）新たな行為の形を模索するのだが、確かな善行の実現は、原理的「可謬性」のゆえに望みえず、道徳的な不確かさや不安に付きまとわれ続ける。そして、そうした一種の「過剰要求」をなんらかのかたちで受け止めて、その都度の行為の形をいわば〈制作〉しようとする主観があるとすれば、その姿が「地味で目立たない」（例えば、GS 4, 29）場合でもやはり、崇高と言えそうなのである。なぜなら、このような道徳的な行為は、「正しい全体を打ち立てる」という意味での「正しい行為」（GS 5, 291.『ヘーゲル三研究』）そのものではありえないながらも、それを「代弁」[15]しうるからであり、その点であの〈相対的超越〉に類比的なものを体現しうるからである。

だが、アドルノは、人間の行為には積極的な意味で崇高という形容を付さない[16]。たしかに、芸術の場合でも、崇高は潜伏したとされる。しかし、――「デリケートな意味で」という限定つきではあるが――「形式的な美が崩壊した後、モデルネを通じて、伝統的な美的理念のうちで崇高の理念だけが残った」（GS 7, 293f.）のであって、芸術については、崇高を語ることは――慎重を要するが、しかし――相変わらず有効であるとされる。ところが、実践の場合には、そうではない。それはなぜか。

「実践は、その概念上、実現を望むのであって、間違った実践は、実践ではない」（GS 10, 766）。実践は、「道徳的な天才の来援を訴え、変革されることを求めて叫ぶ」（GS 6, 241）現実の窮状を解決すべきである。こうした道徳的実践には、芸術とは異なった次のようないくつかの事情がある。

まず、自分に対する批判すら統合してしまう、しなやかな「管理された世界」にとっては、たとえ、そうした「制度」界に「まだ搦《から》めとられ切っていない自発的な意識」が、あの道徳的なものを受け止めて、何らかの「是正」をそれにもたらしうるとしても、それは、制度の根本的変革につながらず、強く言えば児戯に類してしまうという、客観的な「無力さ」が行為にはある（GS 8, 145f.）。さらに、「他者の苦しみに同一化する能力は万人において例外なしに僅かである」という「市民的な」――つまりは、近代社会の条件としての――「冷たさ」が、行為にその主観的な「限界」として課されている（GS 10, 778）。だとすれば、仮に現状において可能な道徳的行為において〈相対的な超越〉が可能となっても、そうした「実践」は、「実現を望む」というそれ自身の「概念」に照らして不十分である。実践は、現実の窮状から頭一つ分その時々の行為において「突き出る」[17]という貴重なことがありえても、その頭以外の身体については、現状に〈現実一般に、ではなく、現実の、歴史的に特定の或る形態に〉繋留されたままである。したがって、そのような実践を、それ自体としてすでに何か強い意味で積極的な意味をもつかのように崇高と形容するのは、相応しくない。これがまず一つ目の事情である。

他方、実践は、その客観的な本分に照らしてのこうした無力さや限界に耐え切れず、それに対する「反動」として「主観が自棄になって高ぶろうと」したり（GS 6, 181）、あるいは、自らにではなく代償的に他者に積極的な崇高さの体現を求めたりする主観的な心理が働きがちであり、〈その方向の先にあるものの実体化〉が生じがちである。そうした誘惑の種となりかねない崇高という形容は、使用がためらわれる。これがもう一つの事情である。

これに対して、芸術は、「文化批判」であり、希望の「避難所」であるという点で「真剣」という側面を持つことはたしかであるが、しかし、そうした「真剣」なものでありうるのは、あの「変容」を通して、つまり、「実経験の世界からの距離」（GS 7, 134）を通してである。芸術が、現段階では実践に許されていないこうした一種の遊戯性を具えているがゆえにかえって、そこにおいて崇高が、たとえ「潜伏」した姿においてであれ、話題にされうる。[18]カントにおけるように「崇高は芸術の仮象性格と折り合わない」のではなく、アドルノにおいては、「仮象性格」を具えるからこそ芸術は、〈相対的超越〉に留まってもなお、崇高でありうる。

6　おわりに

崇高に関するアドルノの思索を、特にカントと対照しながら、自然、芸術、行為という領域について順々に後追いするなかで、あらためて気づかされるのは、崇高という概念の両義性である。崇高は、それがほとんど名目的であってよい芸術においては、ほとんど実在的であるが、それが実在的であるべき道徳においては、名目的でしかない。人間は、積極的に崇高であるべき道徳の世界では崇高でありえず、芸術の世界で崇高でありうるのは、そこでは積極的に崇高でなくとも許されるからである。人間にとって崇高は——現実から帰納されただけのものではなく現実を踏まえての強い願いの込められた理念的な概念の多くがアドルノにおいてそうであるように[19]——、存在と非存在の〈あわい〉に漂っている。このように両義的な崇高は、或る一定の歴史的状況にある人間が、その苦や過ちからその身を相対的にしか解き放てないという、なんとも煮え切らない状態である。しかし、それはまた、その両義性のゆえにかえって、「どこにも属さず」まだいかなる支配も及んでいない場所である「無人地帯」に似ており、子ども時代のアドルノがその意味をよく「理解」していたという「ユートピア」に通じる（GS 10, 305.「アーモアバッハ」）とも言える。

大切であるのは、両義性を「克服する」ことではなく（GS 6, 374）、その浮遊状態を享受することでもなく、その振幅のある緊張を、制作・理論・実践というこれまた内的かつ対外的に緊張をはらんだ様々なかたちで、担うことである。アドルノが「進歩」について印象深く語っている一節の表現を借りるならば、崇高は「最終的なカテゴリー」ではなく、崇高が「欲する」のは、〈持ちこたえる〉という抵抗の身ぶりによって、芸術においては〈粗野なもの〉の、道徳においては〈野蛮〉の「勝利と真っ向から張り合うことであって、自分自身が勝ち誇ることではない」（GS 10, 638.「進歩」）。

注

1 Theodor W. Adorno, *Negative Dialektik*, in: *Gesammelte Schriften*, Bd. 6, Frankfurt a. M. 1970, S. 33f. 以下では、アドルノ全集からの引用箇所は、GSという略記号の後に、巻数、頁数をアラビア数字で示し、アドルノ遺稿集（Theodor W. Adorno, *Nachgelassene Schriften*, hrsg. von Theodor W. Adorno Archiv, Frankfurt a. M. 1995~.）の第四部講義集からの引用箇所は、NaS IVという略記号の後に、巻数をハイフンの後にアラビア数字で、頁数をコンマの後に同じくアラビア数字で示す。また、適宜その後に著作名を邦語で記す。

2 「ästhetisch」という語をどう訳すかは悩ましい。ここでは、志は低いが、単に「美的」と訳すことにする。

3 引用箇所では、荒々しい自然の解放は、芸術崇高に関わって語られているが、内容的には自然崇高とも関係する。

4 カントの著作からの引用箇所は、『実践理性批判』、『判断力批判』については、それぞれ、KpV, KUという書名略記の後に、『実践理性批判』についてはその第一版の、『判断力批判』についてはその第三版の頁数をアラビア数字で示す。カントのそれ以外の著作からの引用は、アカデミー版全集の略号であるAの後に、その巻数、頁数をアラビア数字で示す。

5 「素材（Material）」とは、一般に、「芸術家が処理するもの」すべてを謂い、題材だけでなく、語・色・音などの「基本要素」（GS 7, 140）から、「あらゆる結合、全体のための様々な発展した技法」に至るすべてを包含し、「調性」や「無調」、「具象性」や「非具象性」、「遠近法」や「非遠近法」をも指す（ibid., 222）が、精神化との関連では、特に「扱いにくい素材や題材層」（ibid., 142）を指す。

6 ただし、アドルノは、「肯定が芸術の一契機であるのは事実」だとしても、「肯定は、現に制度として存立しているものを後光で包むのではなく、現に在るものに共感共苦しつつ、あらゆる支配の目標である死に抵抗する」として、芸術の「肯定的性格」が「全くの虚偽であったことはない」という点も強調している（ibid., 374）。

7　精神化には、「模倣にとって生え抜きの国」であった芸術の領域に「模倣のタブー」という文化規範が拡大していく（ibid., 142）という重要な特徴があるが、ここではその点を指摘するにとどめる。

8　『実践理性批判』の用語で言えば、道徳法則による「自負の打ちのめし」（KpV, 129）。

9　カントは、『単なる理性の限界内における宗教』のための或る準備草稿の中で、「我々人間がそれへと誘惑されそれへの性癖を持つところの悪の深淵は〈恐ろしく崇高〉である」と記している（A 23, 101）。

10　例えばカントは、道徳法則を受け入れた人間が、「そうした存在者[力学的に崇高な自然を創造し、崇高性を具えた「神」]の意志に適った志操の崇高性を自分自身の許で認識する」（KU, 108）という。

11　〈自然それ自体にその不変の本質として毒性があるとは言い切れず、確かなのは、自然が人間による自然支配との相関関係において毒性を示すことだけだ〉というアドルノの自然観については、〈精神による自然抑圧の「不正」がそれに対する自然の抵抗における「不正」へと「継承」され、そのことがまた自然抑圧を生む〉という悪循環を指摘した箇所（GS 10, 623）を参照。アドルノは、内的及び外的な自然が、人間との関係において、その在りよう（少なくともその意味）を変えてきたという事実から、また今後も変えうるだろうと「希望」し、その可能性を「信頼」する。なお、「希望」という語は、「非和解的な思考には和解への希望が伴っている」という箇所（GS 6, 31）から、また、「信頼」という語は、「そのこと[語りえぬものを語ること]がやはり哲学には可能だという信頼が、哲学には不可欠である」という箇所（ibid., 21）から借りている。

12　ただし、これは、通常の「現象」ではなく、「含蓄に富んだ意味での現象、すなわち〈何か他なるもの〉の現象」（GS 7, 123）であり、「中性化され、そのことによって質的に変化した神性顕現（Epiphanie）」（ibid., 125）である。

13　この自覚それ自身の真理性の根拠についてはここでは検討できないが、アドルノには〈偽なるものはそれ自身と真なるものとの指標である falsum est index sui et veri〉という一貫した思想がある。GS 10, 256 および GS 14, 347 参照。

14　一九四四年のヒトラー暗殺計画への参加者たちが「極度の恐怖状態に立ち会って、無為でいるよりもむしろ自分たちが苦しみながら破滅する危険を冒した」行動は、アドルノにとって「讃嘆に値する」ものであった（GS 10, 778）。

15 たとえば、「制度内」での直接行動や言論活動による一時的・局部的な「是正」の努力は、「［窮乏・苦難を抱えていながら］いつまで経っても相変わらずの状態」――運命に呪縛されているかのような状態――とは違った状態を、たとえ現状との「極々わずかな差異」においてであっても実現するならば、「全体に関わる決定的な差異を代弁する」と言われる（GS 8, 146）。

16 人間の行為世界に関する〈考え方〉については、崇高という形容が肯定的に用いられることがある。例えば、アドルノは、カントの歴史哲学において、「拮抗作用」――アドルノによれば、これは、「神話に、すなわち自然支配が自然に囚われている状態に、つまりは不自由の国に、進歩が搦めとられている状態」である――が「それ自身の法則によって自由に向かっている」という説、つまり、「自由が可能となるための条件は不自由である」という説が述べられているとし、これを「カントの歴史哲学の最も崇高な箇所」と評する（GS 10, 624）。その他の肯定的使用例としては、キルケゴールが、彼の婚約破棄した女性は「時間」においては彼を許さないだろうし、許すことを彼自身がむしろ望まないが、しかし、「永遠」において「私を許してくれるように希望する」という、その「和解の陳腐さ」が「崇高である」と言われ（GS 2, 200）、また、ゲーテの《流離い人の夜の歌》が、間もなく訪れる死を「安らぎ」と呼ぶことにおいて、一方で、生者の「世界」が「安らぎを拒む」という「悲哀」に「共感」しながら、他方で、「それでも安らぎはあるだろう」という「慰め」の語調を持つことが、「悪意に満ちたイロニー」に落ちぶれていない「崇高なイロニー」だと評され（GS 11, 53f.）ている箇所があるが、これらも人間の行為の姿そのものに関するものではない。これら三例はいずれも、事態の捉え方であるという意味で理論に属するが、〈理論と崇高〉については、ここでは項を立てて検討しない。

17 「突き出る（entragen）」という語（Heyse の辞書では「詩語。hervorragen 参照」とある）は、アドルノのテキストの重要な部分にたびたび登場する。GS 6, 285, 390 などを参照。

18 「崇高」に深く関連し、文字通り「英雄崇拝」に繋がりかねない「英雄的」という形容詞の場合も、アドルノは、芸術制作や理論的認識については積極的意味で用いることをためらわない（例えば、「新芸術の英雄的な歳月」（GS 7,

（例えば、「ファシストの英雄的な理想」（GS 3, 264）、「英雄的死の宣伝」（GS 6, 361）など）。238）、「フロイト学派の英雄的な時期」（GS 6, 269）などが、実践について用いる場合は否定的な意味においてである

19　例えば「自由」に関しては、GS 6, 294 参照。

あとがき

精神的生産の個人主義に屈託なく身を委ねることも好まず、また、〈メンバーは代替可能だ〉とする平等主義的でありながらも人間を蔑視する集団主義に向う見ずに飛び込むことも好まない人々が頼みとするのは、共同責任の下での自由で連帯的な協働である。（アドルノ『ミニマ・モラリア』第八三節）

教員、院生、社会人、退職者など様々な社会的立場にある、二〇代から七〇代までの様々な年齢の者が集って行われているアドルノの『美的理論』をじっくり読み進める会に、私は一〇年ほど前からその最年長者として参加してきた。その前身は、さらにその数年前に、アドルノのこのテキストを読みたいという或る大学院生の希望に、ドイツ語熟読の意欲ある学生の熱意に弱い藤野寛氏（当時は一橋大学教授）が応え、他にも希望者を募って読書会を立ち上げことにある。

それ以前にも氏のイニシアティヴによって『否定的弁証法』を二人でかなりの時間をかけて読み進めていたとはいえ、芸術の歴史にも現状にも疎い私がアドルノの美学的著作にその時からこれまで取り組みつづけてくることができたのは、その方面に見識のある人々がこの読書会に参加しておられたからであり、また、その読解に必要な哲学史的知識については何らかの寄与ができることで自分の居場所を見出せたからである。さらには、出欠遅刻もほとんど意に介さず、読書会なのか研究会なのか、その正式名称は何か、などのアイデンティティにもこだわらず、ただ原文の念入りな読解への共通の熱意とよりよい読解への各自なりの寄与だけを参加資格と見なす主宰者の姿勢が相俟って、〈自由で連帯的な協働〉が可能となってきた。精神の協働の場のひとつとしてこの読書会もありえてきたし、発足当初からのメンバーが今も参加し続けていることはその証左だろう。私にとってもとても居心地のいい場所が与えられてきた。

そうしたこの読書会に新たな性格を帯びさせることになったのが、この読書会の運営を一部とする研究課題に対して藤野氏が二〇一五年から四年間にわたり日本学術振興会科学研究補助金の支給を受けることになり、この読書会に公費の支援が行われるようになったことである（この公費支援は、現在も継続している）。つまり、この読書会は、アドルノの哲学や美学に体現される事柄を焦点として多様なメンバーが〈自由で連帯的な協働〉を内輪で実践する場であるという意味に加えて、対外的に〈共同責任〉を担う場ともなったのである。居心地がいいと言っているだけでは済まなくなった、ともいえる。

そして、約一〇年間アドルノの思索と交渉するなかで、各自のアドルノとの折り合いもそれぞれの形でつき、それを公表しようという機運が熟し、草稿発表と相互検討の場としての何度かの合宿や定例会を続けて、この共同論文集ができあがった。

明確な綱領や宣言に基づく集いではないこの読書会の在りようからして、本書は、何らかの特定の思想的見地を共通項として打ち出すものではない。あくまでも〈自由な協働〉の場であり、論文同士の間には共鳴もあれば齟齬もあろう。焦点との関係でも、牽引と反発が同居しているだろう。それでも、内側にいては気づけないような或る雰囲気や傾きのようなものが、焦点の共有の導くところとして、また、共有された一〇年という時間の沈殿として、本書に表れていると人々に感じられるとすれば、それはとても素敵なことだ。

本書の出版にあたり、企画段階から細やかな配慮を頂いた山口侑紀氏をはじめ、花伝社の方々に感謝申し上げる。

執筆者を代表して　西村　誠

著者一覧

藤野　寛（ふじの・ひろし）（まえがき、1章）
國學院大学文学部教員。哲学（倫理学）、ドイツ現代思想研究。フランクフルト大学哲学博士。キェルケゴール協会、日本島嶼学会会員。鶴見俊輔、ナータン・ビルンバウム、トーマス・ネーゲルとじっくり取り組みたいと念じながら、果たせずにいる。既発表論文に、「「言葉の力」をめぐる考察――第二次世界大戦直後の言語表現／言語批判」（『思想』二〇〇九年五号）、「「チェルノヴィッツ」考」（『思想』二〇一三年三号）など。

杉内有介（すぎうち・ゆうすけ）（2章）
一九七五年東京都生まれ。一橋大学大学院社会学研究科博士課程単位取得退学。現在、一橋大学・成城大学非常勤講師、NHK放送文化研究所委託研究員。専門はドイツ哲学・美学（ヴァルター・ベンヤミンとテオドール・W・アドルノ周辺）およびドイツの放送・メディア制度研究。

伊藤雅俊（いとう・まさとし）（3章）
一九八二年愛知県生まれ。二〇〇六年早稲田大学第二文学部卒業。二〇〇九年一橋大学大学院言語社会研究科修士課程修了。現在、美術系の専門書店に勤務。

守　博紀（もり・ひろのり）（4章）
一橋大学大学院言語社会研究科博士後期課程修了。博士（学術）。現在、高崎経済大学非常勤講師。哲学・倫理学。論文に、「自由の構想に受動性を織り交ぜる――アドルノの音楽素材論を実践哲学的に読解する試み」（『倫理学年報』第六五集、二〇一六年、日本倫理学会和辻賞論文部門受賞）、「アドルノの第一哲学批判とその帰結――言語運用の観点から」（『言語社会』（一〇）二〇一六年）など。

西村紗知（にしむら・さち）（5章）
鳥取県生まれ。二〇一三年東京学芸大学教育学部芸術スポーツ文化課程音楽専攻ピアノ科卒業。二〇一六年東京藝術大学大学院美術研究科芸術学専攻美学研究領域修了。二〇一八年度第五回柴田南雄音楽評論賞奨励賞受賞。現在、音楽系の企画編集会社に勤務。

鈴木賢子（すずき・よしこ）（6章）
大学兼任講師。美学、表象文化研究。著書、*Retracing the Past: Historical Continuity in Aesthetics from a Global Perspective*（共著、International Association for Aesthetics〔国際美学会〕、二〇一七年）、論文、「W・G・ゼーバルト『アウステルリッツ』における想起の閾としての視覚イメージ」（『カリスタ』第二〇号、二〇一三年）など。

長　チノリ（ちょう・ちのり）（7章）
一橋大学大学院言語社会研究科博士後期課程単位取得退学。論文、「ゲルハルト・リヒターの連作絵画《一九七七年一〇月一八日》のモチーフに見る「革命」」（『言語社会』（九）二〇一五年）、「現代アートにおける「ソーシャルワーク」のふるまい：トーマス・ヒルシュホーンの〈モニュメント〉シリーズを中心に」（『女子美術大学研究紀要』（四八）二〇一八年）など。

府川純一郎（ふかわ・じゅんいちろう）（8章）
一橋大学大学院社会学研究科博士後期課程単位取得退学。修士（社会学）。横浜国立大学・東海大学非常勤講師。哲学、美学専攻。「アドルノ『自然史の理念』における『意味』と『含意』——隠れた通奏低音からの読み直しの試み」（『唯物論』九一号、二〇一七年）、「アドルノの自然美における二つの位相——M・ゼールによるアドルノ批判の再検討」（『美学』二五五号、二〇一九年）ほか。

西村　誠（にしむら・まこと）（9章、あとがき）
元長野県短期大学准教授。哲学・倫理学。一九四九年京都市生まれ。一九八三年京都大学大学院文学研究科博士後期課程単位取得満期退学。著書、『実践哲学の現在』（共著、世界思想社、一九九二年）。論文、「道徳の現場としての怒り」（『倫理学研究』二〇一三年）。訳書、徐俊植著『全獄中書簡』（柏書房、一九九二年）、徐俊植著『自生への情熱——韓国の政治囚から人権運動家へ』（影書房、一九九五年）。

編者：藤野　寛（ふじの・ひろし）、西村　誠（にしむら・まこと）

アドルノ美学解読――崇高概念から現代音楽・アートまで

2019 年 12 月 20 日　初版第 1 刷発行

編者――――藤野　寛、西村　誠
発行者 ―――平田　勝
発行――――花伝社
発売――――共栄書房
〒 101-0065　東京都千代田区西神田 2-5-11 出版輸送ビル 2F
電話　03-3263-3813
FAX　03-3239-8272
E-mail　info@kadensha.net
URL　http://www.kadensha.net
振替　00140-6-59661
装幀――――鈴木　衛（東京図鑑）
印刷・製本――中央精版印刷株式会社

ISBN978-4-7634-0910-2　C3010